カラーで見る神話の名場面

獣・幻獣伝説

聖ジョージに退治された毒吐きドラゴン

リビアのある町の近くに、毒を吐く巨大なドラゴンがいた。町の人々はこのドラゴンに、牛と羊を生け贄に出していた。やがて町中の牛と羊が食い尽くされ、ついに人間を生け贄に出すことになった。しかも、生け贄に選ばれたのはなんと王女。そんなとき、旅の途中の聖ジョージが町に立ち寄った。そしてドラゴンを倒し、王女の危機を救ったのである。感激したその国はキリスト教に改宗したという。

エジプト神話

罪多き人間は転生に値せず！

葬儀の副葬品であったパピルス製の『死者の書』には、冥界の様子が描かれていた。死者（左）の魂はそこで冥界の神アヌビス（左から2番目）と知恵の神トート（右）によって、真実の羽とともに天秤にかけられる。魂が罪に染まっていて真実の羽より重いと、幻獣アメミット（右から2番目）に食われ、二度と転生できないのだ。霊魂の不滅を信じていた古代エジプトでは、魂を食われることは永遠の破滅だった。

ギリシア神話

トロイア戦争は「パリスの審判」から始まった

ヘラ、アテナ、アフロディテの3人の女神のうちで最も美しいのはだれか？　この難問を出されたトロイアの王子パリスは、自分を選べば世界一の美女を与えるというアフロディテを選んだ。その美女こそスパルタ王妃ヘレナ。パリスに拉致されたヘレナ奪還のために、ギリシア連合軍がトロイアに押し寄せた。当然、ヘラとアテナの加護はギリシア側にあった。左からパリス、ヘルメス、アテナ、アフロディテ、エロス、ヘラ。

英雄ヘラクレスに課せられた12の難行の最後が、冥府の番犬ケルベロスを、地上に連れてくることだった。ヘラクレスは冥界の王ハデスから「決して傷つけたり、殺したりしないように」という条件の下に、ケルベロスを生け捕りにする許可を得た。初めて地上に引きずり出され、明るい太陽を浴びたケルベロスは興奮し、さしもの怪力ヘラクレスも、扱いに手こずるほど抵抗するのだった。

英雄を手こずらせた冥府の番犬

神獣・幻獣伝説

第1の太陽の世界は兄テスカトリポカが支配した。第2の太陽の世界は弟ケツァルコアトルが奪った。第3の太陽の世界は他の神に奪われた。第4の太陽の世界は再び弟のものになった。兄は常に人間の生け贄を欲した。だが、弟は平和を愛する神であったゆえに、それを禁じた。怒った兄は策略をめぐらし、弟を世界から追放した。弟は再来を誓って、金星となって空の彼方に飛び去ったという。兄弟の争いは未来永劫続くのだろうか？

アステカ神話

世界の支配権をめぐって争う兄と弟

恋のためにわが子を殺した魔女メデイア

ギリシア神話

英雄イアソンに恋したコルキス王女メデイア。魔女でもある彼女は、父を裏切ってイアソンが金毛羊皮を入手するのを助け、弟を殺し、ともに国外に逃げた。だが、それほどまでに尽くしたイアソンは他の女と結婚し、メデイアを捨てたのだ。嫉妬と復讐に燃えたメデイアは、イアソンとの間にできたふたりの子どもを虐殺した。そして、イアソンの新たな花嫁をも焼き殺すと、竜の引く車に乗って逃げたという。

英気を養い、いざラグナロクへ

北欧神話

ワルハラとは、オーディンが神の住む国アスガルドに持つ宮殿である。宮殿には、戦場で勇敢に戦って死んだ者たちが集められている。彼らはここで昼は武芸に励み、夜は宴会を楽しむ。この宮殿には540もの扉があり、その扉からはそれぞれ800人の軍勢が討って出られるという。壁は槍、屋根は盾でできている。部屋に置かれた長椅子さえ鎧に覆われているのだ。戦士たちはここで来たるべきラグナロク（最終戦争）に備えるのである。

壮大な叙事詩は古代核戦争の物語だった?

インド神話

『マハーバーラタ』はふたつの部族の争いを描いた、古代インドの宗教的かつ神話的叙事詩だが、全18巻におよぶその壮大さ以外にも、現代人の興味を引く点がある。物語に登場する「インドラの雷」なるものが、核兵器を連想させるのだ。このことから、古代に核戦争があったと主張し、『マハーバーラタ』を事実をもとにした物語だとする研究者も少なくないのだ。それが本当なら、世界の歴史は根底から覆るのだが……。

世界の神々と
神話の謎

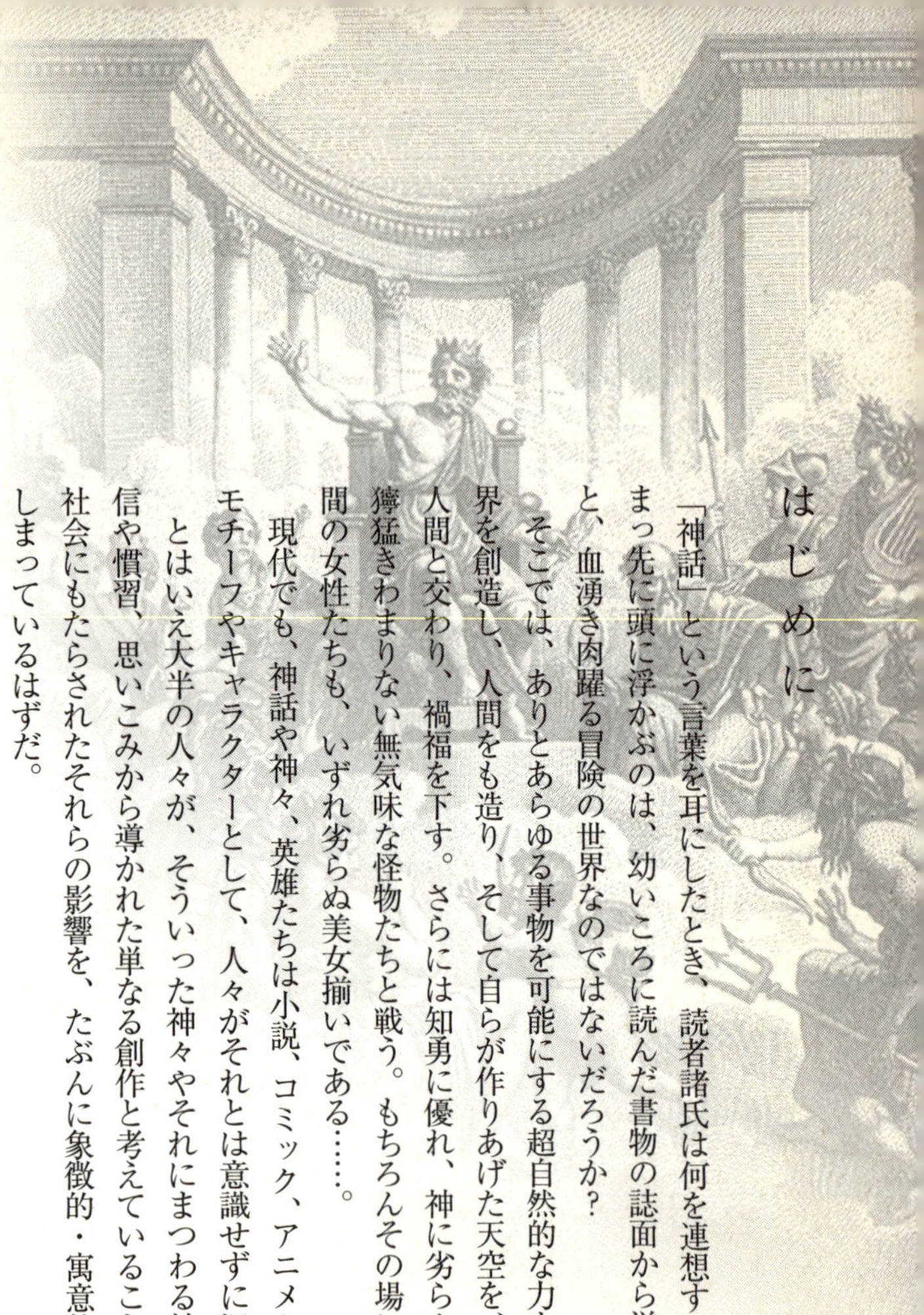

はじめに

「神話」という言葉を耳にしたとき、読者諸氏は何を連想するだろうか？　おそらくまっ先に頭に浮かぶのは、幼いころに読んだ書物の誌面から溢れだす、ロマンと幻想と、血湧き肉躍る冒険の世界なのではないだろうか？

　そこでは、ありとあらゆる事物を可能にする超自然的な力をもった神々が、この世界を創造し、人間をも造り、そして自らが作りあげた天空を、大地を、地下を闊歩《かっぽ》し、人間と交わり、禍福を下す。さらには知勇に優れ、神に劣らぬ力をもった英雄たちが、獰猛きわまりない無気味な怪物たちと戦う。もちろんその場に登場する女神たちも人間の女性たちも、いずれ劣らぬ美女揃いである……。

　現代でも、神話や神々、英雄たちは小説、コミック、アニメやゲームなどに登場するモチーフやキャラクターとして、人々がそれとは意識せずに深く社会になじんでいる。とはいえ大半の人々が、そういった神々やそれにまつわる神話を、古代の人々の迷信や慣習、思いこみから導かれた単なる創作と考えていることだろう。そして、現代社会にもたらされたそれらの影響を、たぶんに象徴的・寓意的なものとして片づけてしまっているはずだ。

　だが、かのハインリヒ・シュリーマンのトロイア発掘や、アーサー・エヴァンズのクノッソス迷宮発掘を例にとるまでもなく、神話は往々にして、古代に生じた歴史的事実さえ含むことがある。つまりそれは、ある民族の宇宙創生からアイデンティティーの確立までも描いた、歴史の系譜でもあるかもしれないのだ。

おそらく、この地球で生まれた無数の生命のなかから、他の生物を圧する力をもった人類が生まれたことの不可思議さを、古くより人々は察していた。その不可思議さこそが、人々にとって神だったのだ。森羅万象の謎を解明してくれるのも、あまねくこの世に遍在する神だった。というより、事実、神は実在したのかもしれない。いや、今も実在するのだろう。科学がこれほど発達した現代でも、森羅万象のすべては人の力のみでは解明しきれていないのだから。

本書では、ギリシア、北欧、エジプト、インド、日本、そして中国やメソポタミア、中南米、ケルト……。実に多くの国の神々や英雄たちのすべてを知ることができる。そして、彼らの存在を際だたせるのに欠かせない、神獣や幻獣たちも数多く登場する。

世界の神々について知りたければ、読者諸氏には本書の該当ページを見ていただくことをお勧めする。そこには187体におよぶ神々のプロフィールから属性、エピソードにいたるまでが掲載されている。しかも、それらのほとんどに、かつて彼らを崇め、恐れていた人々が、精魂こめて創り上げた彫像や絵画が添えられているのだ。

おそらくは読者諸氏も名前しか知らなかったり、または名前すら聞いたことのない神々も、本書には登場していることだろう。そういった神々の超人的（？）な活躍ぶりや、神にしてはあまりに人間的な行動の数々。それらをお楽しみいただければ幸いである。

歴史雑学探究倶楽部

世界の神々と神話の謎

目次

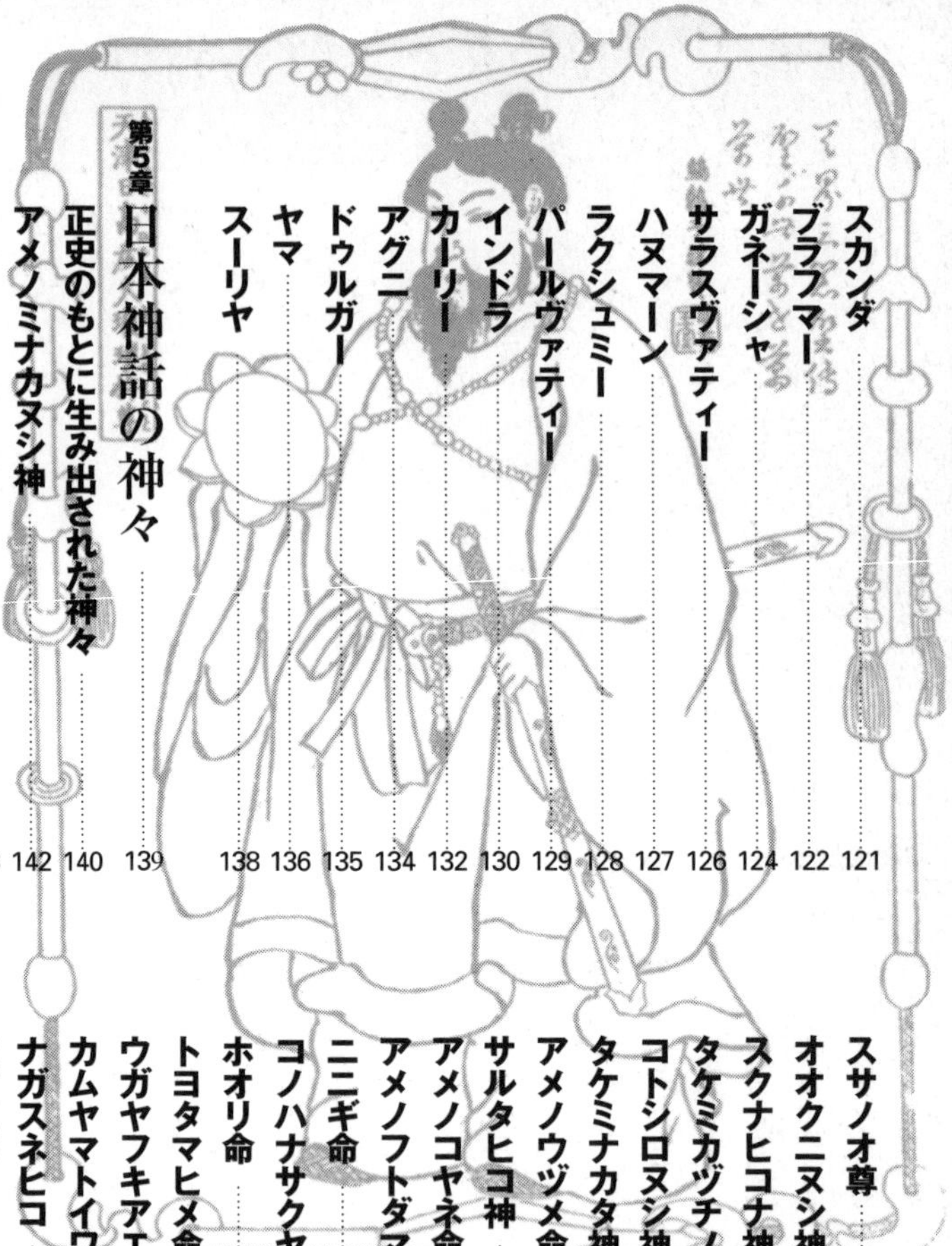

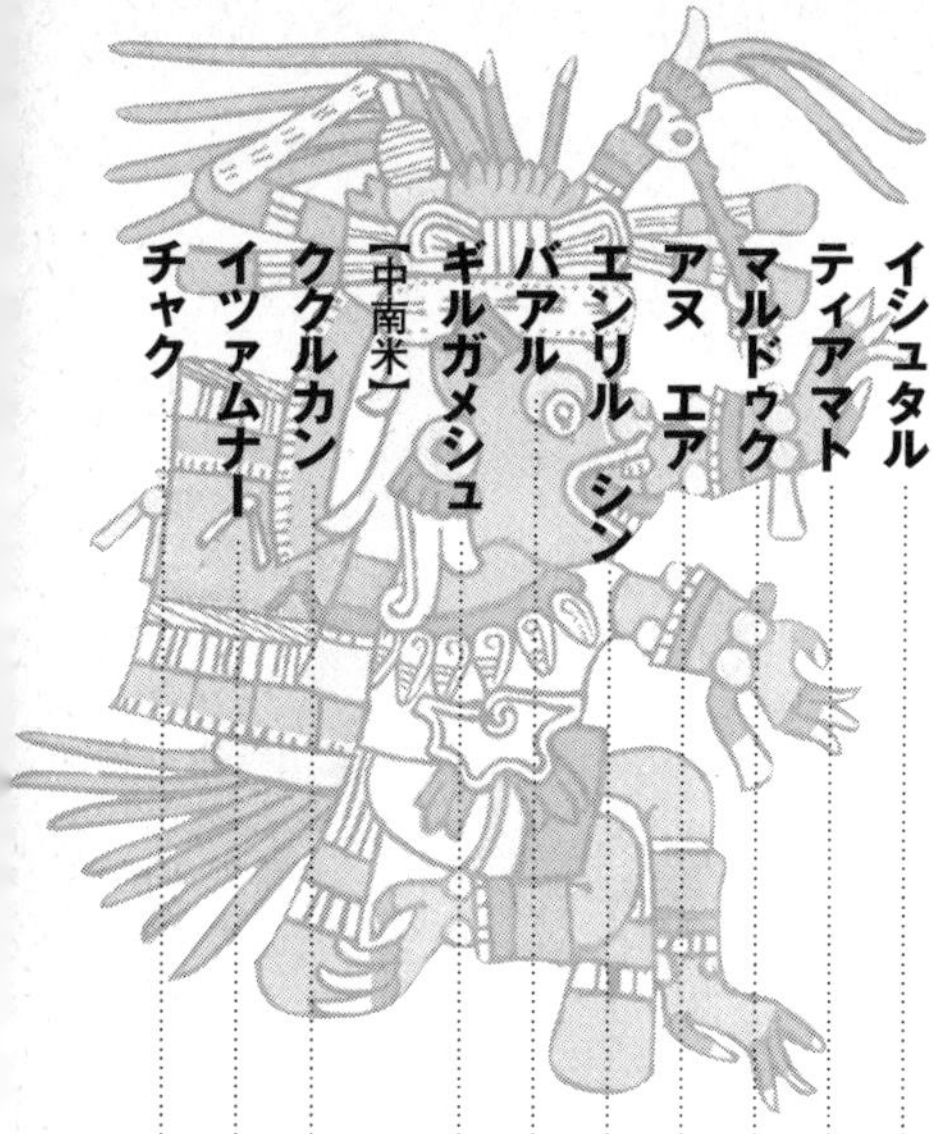

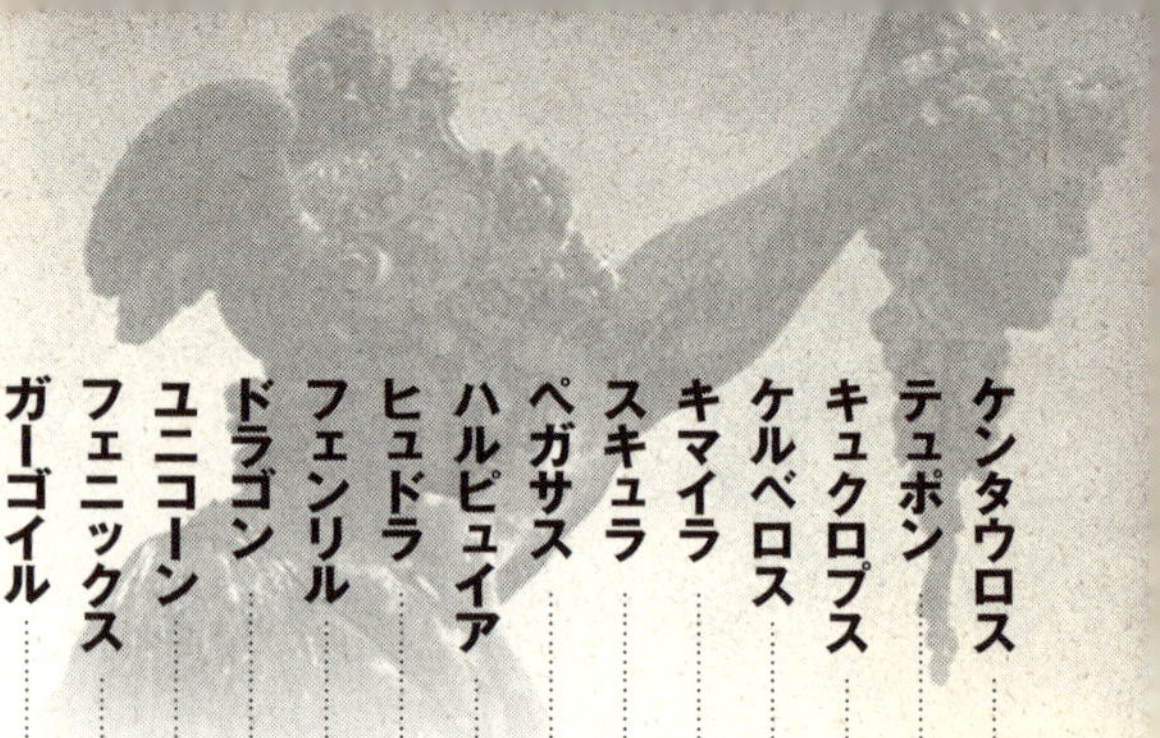

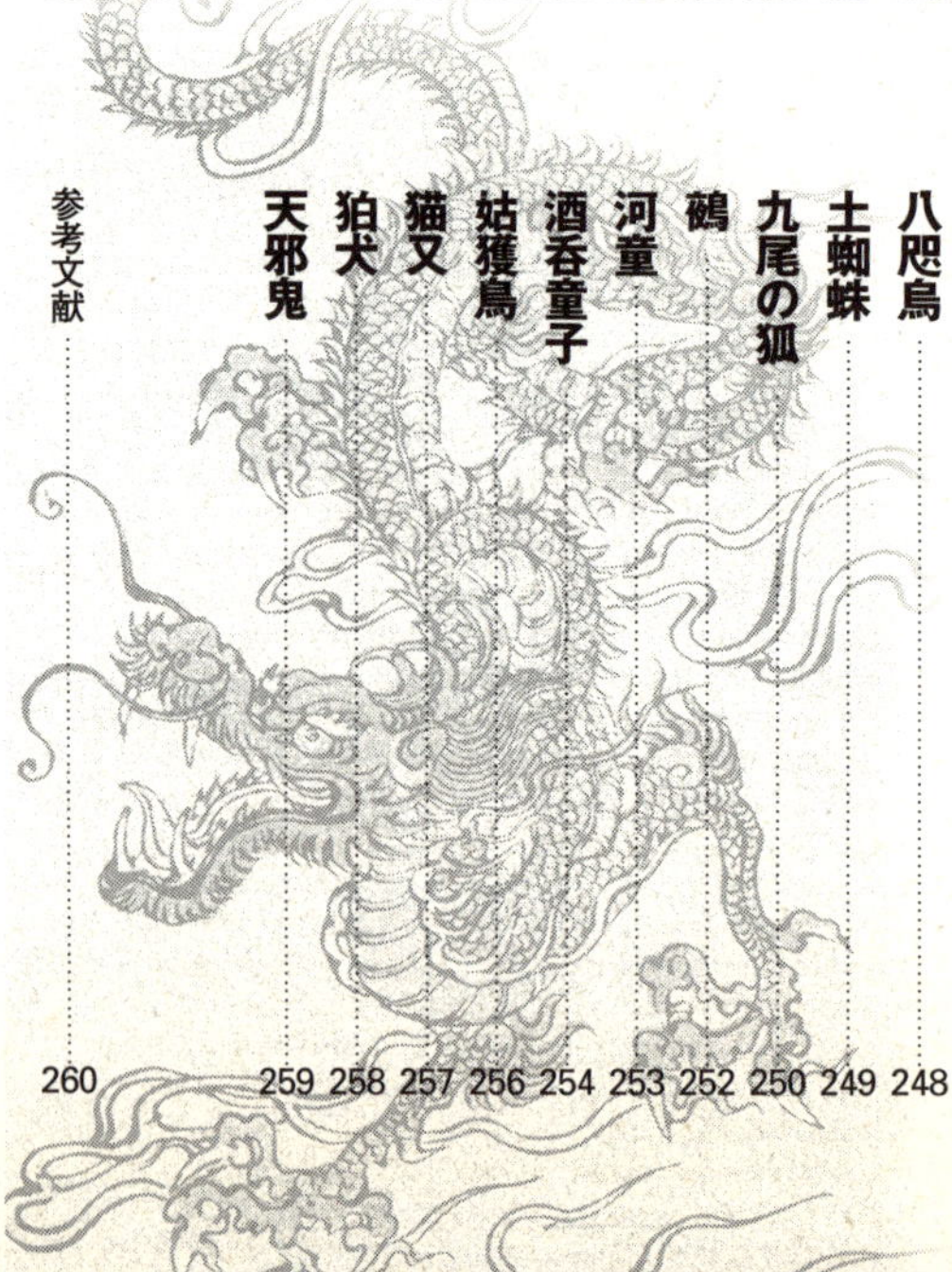

第1章
ギリシア神話の神々

愛のためにすべてを捧げる神々

ギリシア神話といえば、まず、古代ギリシアの詩人ホメロスによる2大叙事詩『イリアス』と『オデュッセイア』が思い浮かぶ。ご存じのとおり、前者はトロイア戦争最後の10日間を描いたもので、後者はそのトロイア戦争の勇者オデュッセウスの放浪物語である。

実際、現在に伝わるギリシア神話はこの2作と、同じく古代ギリシアの詩人ヘシオドスの手になる、神々の起源や系譜を描いた叙事詩『神統記』、および神話を通して仕事の大切さを語る『仕事と日々』がベースになっているといっても過言ではない。

これらの4つの叙事詩は、ともにほぼ同時代の、紀元前8世紀ごろに成立したものである。しかし、登場する神々や神話は、ホメロスやヘシオドスが創作したものではない。彼らふたりの詩人によって叙事詩が成立する遙か以前から、古代ギリシアの人人によって尊崇され、親しまれてきたものだったのである。ホメロスやヘシオドスは、それらを体系的にまとめただけなのだ。

ギリシア神話の本来的なルーツは、紀元前2000年ごろにその最盛期を迎えた、クレタ島を中心とするミノア文明、同じく前1600年ごろに栄えた、ギリシア本土のミュケナイを中心とするミュケナイ文明など、エーゲ文明の時代にある。当時の遺跡や遺物から、すでに現在も知られるギリシア神話の主要な神々が、人々から祭祀を受けていたことが判明しているのである。

こうして、ふたりの詩人によってひとつの「文学」としてまとめ上げられたギリシア神話が、ポリス時代のギリシア、そしてローマに伝わり、ひいてはルネサンスを引き起こした。そして、現在にいたるまでヨーロッパ諸国の美術や文芸に、強い影響をおよぼしたことはいうまでもないだろう。

　さて、そのギリシア神話の主要な神々といえば、やはり天上の高みから地上を睥睨《へいげい》する、オリュンポス12神である。ゼウスを筆頭に、ヘラ、ポセイドン、デメテル、アルテミス、アポロン、アテナ、アフロディテ、ヘルメス、ヘスティア、アレス、ヘファイストス……。しかも、ゼウスとポセイドンの兄弟は、自らの親の世代にあたるティタン族の神々との10年におよぶ戦いに勝利したすえに、この栄光を得たのだ。

　だが、12神のみならず神々の多くは、オリュンポス山に建つ宮殿に、常に鎮座しているわけではない。ことあるごとに下界に降りてきては、人間とかかわりたがる。人間に恋し、憎み、肩入れする。そして、その結果生まれた、愛憎半ばする数々のエピソードこそが、ギリシア神話の真髄であり、醍醐味《だいごみ》といえるのかもしれない。

オリュンポス山に建つゼウスの宮殿に集う神々。

ゼウス
Zeus
天空の支配者にして最も偉大な神

オリュンポス12神をはじめとする神々を束ねる、天空の王者がゼウスである。雨や雲などの空に起こるさまざまな現象を司る神で、とくに雷と稲妻の力はすさまじく、ほかのどんな勢力をも圧倒する。ゆったりした衣をまとい、ときには最高の権力を象徴する鷲を肩に載せて現れるゼウスの姿は王者そのものであり、至高の存在と呼ぶにふさわしい。聖木はオーク。ローマ神話ではユピテル、英語名ジュピター。

オリュンポスの神々の頂点に立つゼウス。

ゼウスはティタン族のクロノスとレアの子である。子どもを次々に飲み込むクロノスの目をかすめて、母レアはクレタ島でこっそり出産。ゼウスはニンフ（神性または半神性の女精）たちの手によって育てられる。長じてゼウスは飲み込まれた兄弟たちを救い出し、クロノスに戦いを挑む。

オリュンポスの神々とティタン族の戦いは10年も続き、ついにオリュンポス神族が勝つ。そしてゼウスは世界をふたりの兄と分け合い、自らは天を、ポセイドンは海を、ハデスは地下の世界を治めることにしたのだ。

ゼウスの性格をひとことで表現すると「空前絶後のプレイボーイ」ということになる。

当時のギリシア人は一夫一婦制で、王とて中国やインドのようにハーレムを作って無数の妾をもつ

などということはなかったから、ゼウスのご乱行はかなり異様に映ったろう。それでもゼウスが庶民から愛されたのは、やきもち焼きの妻ヘラをなだめすかしながら結婚生活を続け、その一方で妻の目を盗んでは、あちこちの女神やニンフ、人間の女にまめにアタックを続け、結果としてたくさんの子孫をもうけたエネルギーと俗っぽさにあるのではないだろうか？

　ゼウスの異性に対するバイタリティーが崇められていた反面、彼の情事、とくに人間の女性との情事には、単なる浮気ではすまされないことが多い。その結果、相手の女性やその子ども（つまりゼウスの子）、家族が思わぬ災難や運命のいたずらに巻き込まれるケースが目につくのだ。

　しかし、これはギリシア神話の大きな特徴といわざるを得ない。ゼウスをはじめとするオリュンポスの神は、人間の倫理やモラルを遥かに超えたところで、自分たちの都合で事を運び、人間はそれを甘んじて受け入れるしか道はないという、諦観にも似た気持ちがギリシア人には共通していた。

　だからこそ、ギリシア悲劇を最高峰とするギリシア文学には神の存在が欠かせない。

　また、不老不死の神と死すべき人間という境界線こそあれ、神々が日々の人間の生活に深くかかわり、介入してくるという構造が成り立つのである。

ユピテル（ゼウス）に頼みごとをする海神ネレウスの娘テティス。

ヘラ
Hera
女性の守護神であり嫉妬深い最高神の妻

ヘラはクロノスとレアの娘で、天空の王者ゼウスの姉であり、また正妻でもある。ゼウスの熱烈な求愛のすえに結婚、軍神アレス、鍛冶神ヘファイストス、青春の女神ヘベ、出産の女神エイレイテュイアをもうけた。

結婚と母性、家庭生活を司る女神で、妻の守護神として厚い信仰を受けているヘラだが、ギリシア神話で描かれる彼女は、どうしても嫉妬深く、残忍なイメージが強い。

ヘラはヒーロー（英雄）を表すヘロスの女性形。

女神も人間の女性も見境なく、次々に口説きまくる夫ゼウスの行動に目を光らせ、浮気をキャッチするや、彼の愛人やその間に生まれた子どもを手ひどく罰する。また、ちょっとしたことに腹を立て、人間に不幸をもたらしたりする、なかなかやっかいな女神なのである。

処女神アルテミスの侍女のニンフ、カリストにひとめ惚れしたゼウスは、アルテミスに姿を変えて近づき、抵抗する彼女を手に入れる。処女を失ったことをアルテミスに知られ追放されたカリストは、ひっそりとゼウスの息子アルカスを生む。それを知ったヘラは憎しみを爆発させ、彼女の髪をつかんで投げつけたあげく牝熊に変えてしまうのだ。

妖精に育てられたアルカスは、あるとき森で熊に出会い、母とは知らず刺し殺そうする。それを見たゼウスはさすがに放っておけず、母子を天上に上げ星座にした。これがおおぐま座とこぐま座である。

憎い母子が星になったと知り、ヘラの気持ちはおさまらない。そこで「海に降りて水浴びができないようにしておしまい」と、海神ポセイドンに命じる。そのためこのふたつの星座だけは、永遠に水平線に沈むことができなくなったのだという。

このように恐ろしいヘラだが、普段はゼウスをこよなく愛し、貞節を貫き、温かい家庭を守るよき妻でもあった。ゼウスの愛をつなぎとめるため、若さを再生する力ナトスの泉に毎年沐浴《もくよく》にいき、永遠の美しさを保ってもいる。泉の水で身を清めて年齢を洗い流し、清らかな処女に戻ったヘラの輝くような美しさは、百戦錬磨のゼウスの心さえもとろけさせるのである。

「これまで何人もの絶世の美女や女神を見てきたが、ヘラ、おまえほど美しいものはいない。初めて会ったときと同じように、私はおまえが欲しい」と、ゼウスは恥じらう乙女のヘラをベッドに誘い、黄金の雲のカーテンをひき、夫婦の契りを交わすのであった。

ゼウスとヘラの「聖なる結婚」の儀式は、ヘラ信仰の本拠地アルゴスで祝われ、サモスなど他の地方でも盛んに行われていた。

ちなみに、ヘラはローマ神話ではユノー、英語名ジュノー。すなわち「ジューン・ブライド（6月の花嫁）」の語源でもある。

ヘルメスや天使たちに囲まれるヘラ。

地中海をかけめぐる海の王者

ポセイドン

Poseidon

クロノスとレアの子で、ハデスの弟かつゼウスの兄。海洋を司っており、泉の支配者でもある。ローマ神話ではネプトルノス、英語名ネプチューン。

ティタン族征服後に海を支配することになったポセイドンの住処は、当然のことながら海であり、海の底にある珊瑚と宝石で飾られた豪華な宮殿で暮らしている。オリュンポス山に住んでいないにもかかわらず12神のひとりに数えられる。

ポセイドンは堂々とした威厳ある壮年の男性の姿で描かれることが多く、通常は裸体で三叉の矛《ほこ》を持っている。その矛であらゆるものを突き刺したり、泉を湧き出させたりするのだ。

自らの王国を見回るとき、ポセイドンは2頭の馬にひかせた黄金の馬車に乗り、黄金の鞭を振るいながら海のなかを縦横無尽に走り抜ける。そのとき波は静まり、馬車は滑るように進むのである。

ポセイドンの姿が見えるや、海

ルーブル美術館所蔵のネプチューン（ポセイドン）像。

の怪物たちはおそれをなし、彼に挨拶するために洞穴や海底から這い出てくる。不思議なことに彼の体も馬車も、海のなかにあるというのに、決して濡れることはないのである。

三叉の矛を持ち、黄金の馬車で海を疾駆するポセイドン。

正妻はティタン族の海神オケアノスの孫に当たるアンフィトリーテ。しかし彼には、ゼウスの兄弟だけあって、誘拐して妻にした大地の女神デメテルや、怪物ゴルゴン、メドゥーサなどたくさんの愛人がいた。多くの女性たちとの間に、トリトン、オリオン、ペガサスなどの子がいる。

ポセイドンはトロイア戦争の際には、当初トロイア側につき、王のために頑丈な城壁を造築した。だが、王が約束の報酬を支払わなかったため、これ以降は常にギリシア軍の味方となる。

またアテナイの支配権をめぐり、オリュンポス12神のひとりである女神アテナと争ったともいわれる。アテナイの民にとって、より有益な贈り物をしたほうが守護神となるのだ。

まず、ポセイドンが三叉の矛で力強く地を叩くと、そこからは塩水が湧き出して泉となった。いっぽうアテナは、オリーブの木を生じさせた。結果は一目瞭然、有益なのはオリーブの木だった。ポセイドンは敗れ、これによってアテナイはアテナのものとなったのだ。

アテナイのアクロポリスには、この塩水の泉が長い間、枯れずに残っていたといわれる。

なお、ポセイドンは古くは大地の神であったと思われ、とくに地震を司っていたことから、「大地を揺らす神」とも呼ばれている。またローマ神話のネプチューンと同一視され、馬または競馬の神としても崇拝された。

ハデスと冥界の門を守る3つの頭をもつ魔犬ケルベロス。

地下の国である冥界の支配者

ハデス

Hades

冥界の王ハデス（プルート）は、ペルシアやユダヤ教における悪魔のように、天界の王に対抗する闇の代表、というような存在とはまったく違った性格の神である。ハデスはティタン族との戦いの後、ゼウスに冥界を司るよう命じられたゼウスの兄であり、運命と正義の力をコントロールしている。

その姿は恐ろしく異彩を放っているが、決して人間の敵ではなく、死んで冥界に降りた死者の魂を裁いて、正しい行いは正当に評価し、罪を犯した者については厳粛に罰を下すだけである。

ハデスの語源は「見えない者」の意味をもつアイデスだといわれる。その名のとおり彼は世界の西の果ての地底にある冥界「ハデスの館」をもっぱら住処とし、オリュンポスなど天上の神神が集まる場所にはめったにやってこない。そのためオリュンポス12神のなかには、名を連ねていないのである。

それでは、ハデスの住む冥界とはどんなところなのか？

彼の宮殿の前庭には、地上から誘拐してきた妻ペルセフォネを喜ばせるため、少しでも地上に似た環境を作ろうと、ハデスが植えさせたポプラと柳の並木がある。この並木の脇には、沈んだ太陽を迎えるための門と、夢が住む国が隣接している。

そして、この庭のどこかに目印となる白い岩があり、その近くで地下を流れる2本の川が交わっている。そこを通り抜けると「アスフォデルの原」と呼ばれる、平らで砂に覆われた不毛の地があり、死者たちが色も香りもない環境のなかで生活している。

ところで、人々は死んで冥界にやってくると、まずスティック川（この名はアケロンだったり、湖だったりもする）の岸辺にやってくる。そして、その水を飲むか川を渡るかすると、生前の世界で記憶していたことを、すべて忘れてしまう。

川の渡し守は、カロンという寡《か》黙《もく》な老人だ。カロンに向こう側に渡してもらうために、死者はもちろん賃金を払わなくてはならない。それで古代ギリシア人は死者を葬る際、死者の口のなかに、必ず船賃のコインを入れていたのである。

冥界の王ハデスは、こうしてやってきた死者たちを冥界に迎え入れ、死者たちが再び生まれ変わってこの世に戻っていくまで、館のなかにとどめて面倒をみてやっていた。

妻とともにオルフェウスの竪琴を聞くハデス。

しかし日の光を見ることがほとんどなかったハデスは、地下の世界に君臨しながらも、普段の人々の生活に影響を与えることはなかった。それゆえ、あれだけ豊富なギリシアの芸術にもほとんど登場せず、ハデスに捧げられた神殿もなかったのだ。

デメテル
Demeter
大地の豊穣をもたらす穀物の女神

デメテルはクロノスとレアから生まれたゼウスの姉のひとりであり、大地の実りを司る豊穣の女神である。彼女の名の由来は「マザー・ダー」つまり母なる神、すべてを生みだす宿命をもった神にあり、その姿はしばしば麦の穂や藁《わら》で作った松明《たいまつ》を持っているので、「穀物の神」と呼ばれることもある。

　農耕の神だけあって、なみいるオリュンポスの神々のなかでも、デメテルの起源はとくに古い。おそらくヘレニズム時代以前には、ゼウスの妻ヘラよりずっと高い地位にあったと思われる。

　彼女にはこんな神話が伝わっている。冥界の王ハデスは形相が恐ろしいため、花嫁捜しは難航をきわめていた。同じころ大地の女神デメテルは、美貌のひとり娘ペルセフォネをシチリア島で育てていた。弟ゼウスに無理矢理迫られてできた子どもではあったが、彼女は娘をこよなく愛していて、ゆくゆくは天界の、容姿にすぐれた男神のもとに嫁がせようと考えていたのだ。

　ペルセフォネの噂を聞きつけたハデスは、彼女こそ冥界の女王にぴったりだと思い決めた。ある日、ペルセフォネが野原で花摘みをしていたとき、突然大地がふたつに裂け、地中から黒い馬に乗った黒ずくめの服装をしたハデスが現れた。あまりの恐ろしさに立ちすくむペルセフォネを小脇に抱えると、ハデスは馬の手綱を返して地下へと消え去っ

本来の地位はヘラより高かった女神デメテル。

デメテルと娘との再会。

たのである。

娘が拉致されたことを知ったデメテルは激怒し、すべてを捨てて松明に火をつけ、娘を捜し歩いた。

デメテルが放浪の旅に出ている間、大地は荒廃し、どんな種をまいても何ひとつ実らなくなってしまった。さすがのゼウスもこれには困り果て、ハデスにペルセフォネを返すように命じた。

しかし、やっと手に入れた新妻を簡単に手放すわけにはいかない。ハデスは策略をめぐらした。そして「これを食べれば母のもとに帰れる」とペルセフォネをだまし、ザクロの実を食べさせる。実は、「冥界の食べ物を食べた者は冥界に属する」という神々の取り決めがあったのだ。

ペルセフォネが地上に戻ってくると、花は咲き乱れ、木々には実がなり、大地は息を吹き返した。しかし、娘がザクロの実を食べたと聞いて、デメテルは愕然とした。

「それでは、あなたはずっと地上で私と一緒に暮らすわけにはいかない……」

結局、ペルセフォネは1年のうち、食べたザクロの実の数と同じ4か月はハデスとともに暮らし、残りはデメテルのもとに帰ることが決められた。今でも1年のうち4か月、つまり冬の間は、デメテルが冥界にいる娘を思い、嘆き暮らしているため、大地には何も実らないのである。

アルテミス
Artemis
狩猟が得意な永遠の処女神

ゼウスの娘である月の女神アルテミスは、純潔をかたくなに守る永遠の処女神だ。母はティタン族のひとりレトで、双子の兄はアポロン。オリュンポス12神のひとりだが、ギリシア固有の神ではなく、ギリシアにおける先住民族の信仰を古代ギリシア人が取り入れたものと考えられている。ローマ神話ではディアナと呼ばれ、英語名はダイアナ。

母がゼウスの正妻ヘラの嫉妬を恐れて放浪していたときに、アルテミスはこの世に生を受けた。彼女は生まれたばかりなのに母の出産を助け、続けて生まれたアポロンをとりあげた。

さらに、まだ幼いうちに処女を貫きたいこと、そして妊婦の守護神かつ出産の神になりたいことなどを、ゼウスに願い出たとされる。

そんなことから多産をもたらす女神として敬われ、また子どもの守護神ともされた。

だが、普段のアルテミスは短いスカートを履いて、弓と矢を手にアルカディアの山野を駆け回る少女だ。狩りの女神でもあり、動物たちを支配していたので、彼女が軽やかに森のなかを走っていくと、

少女のような姿で山野を駆けるアルテミス。

さまざまな動物たちが穴から這い出して、じっと見守った。そのため彼女の別名は「野生の女王」でもある。

アルテミスは処女神だけに、性格も意固地で融通が利かず、辱めを受けると無慈悲なまでの報復をした。ある日、アルテミスは森のなかで清らかな泉を見つけ、お供のニンフたちと裸になって泉の水を浴びていた。その姿を、狩りにきていた青年アクタイオンが、うっかり覗き見てしまう。視線に気づいた彼女は羞恥のあまり激怒し、アクタイオンを鹿に変えてしまった。それだけでなく、彼が連れていた50頭の猟犬を、その鹿にけしかけたのである。主人とは知らず犬たちは鹿に襲いかかり、アクタイオンはたちまち八つ裂きにされてしまったのだ。

ちなみに、出産の神であったせいか、アルテミスはしばしばデメテルのような地母神と混同され、小アジア地方では豊穣の女神として祀られることも少なくなかった。とくにエフェソス付近では地母神として多産の女神として扱われ、狩猟ではなく農耕を司っていた。

その姿もギリシアにおける少女のようなアルテミスの原像とはかなり異なっており、多分にアジア的な地母神の影響が認められる。それにしても、多数の乳房をつけたエフェソスのアルテミス像は、処女神とは対極にある。

なお、ギリシア神話にはアルテミス以外にも月の女神が登場するが、一般には天の月の女神がセレネ、地上がアルテミス、冥界がヘカテであり、他のふたりはしばしばアルテミスに統合されて同一視された。

トルコ、エフェソスに伝わるアルテミスの像。

神々のなかで最も美しい太陽神
アポロン
Apollon

アポロンはゼウスとレトの子で、アルテミスとは双子の姉弟である。オリュンポス12神に名を連ねる彼は、若々しくパーフェクトな顔と、しなやかでバランスのとれた肉体をもつ、神々のなかで最も美しい男神であった。

ギリシアはもちろん、アジア各地でも信仰されていた太陽の守護神アポロンは、永遠の美青年であると同時に、自由と若々しさ、それに美しいものをこよなく愛するギリシア人たちの感性にぴったり合致する神だった。芸術、音楽、詩、健康、若さと陽気さ、進取の精神……。こういった概念をすべて兼ね備えていたアポロンは、ヘレニズムのなかで見事に花開いたギリシア文化そのものの神であり、芸術の守護神でもあった。

アポロンはまた、牧畜を司る神でもある。恐ろしい狼の群れを自在に操りつつ、人々の大切な家畜を守るのがアポロンの役目だ。太陽が燦々と照る緑の丘で家畜番をしながら、アポロンは竪琴をつまびき、ロマンチックな物語を歌い上げるのだ。

また、彼は医術の神であり、反面、疫病の神でもある。そして、気に食わない人間たちには、黄金の弓で疫病をばらまくといったこともやってのけた。

だが、アポロンを語るうえで欠

竪琴の名手でもあったアポロン。

かせないのは、なんといっても、その卓越した予言の能力だろう。

とくに有名なのが、デルフォイのアポロン神殿で行われるものだ。ここにはギリシア全土ばかりか、他国からも、アポロンの託宣を聞くために多くの人々が訪れる。ペルシアとの戦争を控えたアテナイからも、戦局を聞きに政治家が訪れたほどだ。

これほどの知恵と魅力に溢れるアポロンのこと、妻がひとりと子どもがふたりいたが、当然ながら恋の話題には事欠かない。美しい女性を愛するのはもちろん、アポロンの愛は美少年にも向けられた。

ヒュアキントスはスパルタに住む、ペラ王ピエロスと歴史の女神クレイオとの間に生まれた美少年である。アポロンは彼の美しさに惹かれたが、西風の神ゼピュロスも、同じように少年に魅了されていた。

ある日、ふたりが仲よく円盤投げを楽しんでいると、アポロンの投げた円盤が突然の強風にあおられヒュアキュントスの頭に激突、少年はその場で息絶えてしまう。これはふたりの仲を嫉妬したゼピュロスのしわざだった。

アポロンは少年のなきがらを抱き、嘆き悲しんだ。すると、溢れ出た少年の血のなかから、真っ赤な花が咲いたのだ。この花は少年の名にちなんで、ヒュアキントス（ヒアシンス）と呼ばれた。ただし、この花が現在のヒアシンスと同種とは断定できない。

アポロンがかかわる変身の話では、ダフネが月桂樹に変わるものも有名である（41ページ参照）。

多くの恋をするも、実らないこともしばしばだった。

機織りが巧みな都市の守護神

アテナ
Athena

父ゼウスの頭から生まれ出た女神アテナ。

ゼウスの最初の妻は知恵の女神メティスだった。だが、ゼウスはメティスの生む子どもによって王権を剥奪《はくだつ》され、最高神の座から追われるという予言を受ける。そこで彼は禍根を断つため、妊娠中のメティスを一気に丸呑みしてしまったのである。ところが、メティスの出産するはずだった日、ゼウスの頭から突如として、鎧と兜で完全武装し、槍と盾《たて》を持った女神が飛び出してきたのである。

　これがオリュンポス12神のひとりであり、知恵と技術、そして戦いの神でもあるアテナの誕生だ。

　自分ひとりでこの世に生まれたアテナは、ゼウスの大のお気に入りでもあった。そのため、彼女は終生独身を守り、戦いや戦争があると一方の守護神として男神顔負けの活躍をする。

　灰色の瞳は常に冷徹に戦況を分析し、さまざまな巧妙かつ効果的な策略を編み出す。彼女につけられた異名は「勝利者」「力」「戦闘愛好者」と、女神ながらどれも勇ましいものばかり。肩に聖鳥フクロウを載せている理由も、この鳥のただ闇雲に力で敵に体当たりするのではなく、計算を積み重ねて最後に勝利をおさめるという性格を重視したゆえだ。いかにも鳥になぞらえた、アテナの狡猾《こうかつ》な側面が表れている。

とはいえ、彼女が戦うのはもっぱら自分の国や家族を守るためで、決して戦いのための戦いをするわけではなかった。

また、アテナにはもうひとつの顔もある。それは機織りなど女性の技術を司る女神という役割だ。アテナ自身が織った織物の素晴らしさもさることながら、若い娘たちもアテナの神殿に参拝しては、自分の機織りの技術の向上を祈るのが常だった。

あるところにアラクネという、機織りがうまい娘がいて、ギリシア全土にその名が鳴り響いていた。褒められて天狗になったアラクネは、傲慢《ごうまん》にも自分はアテナよりも機織りが上手だと公言してはばからなかった。

これを聞きつけたアテナが黙っているはずはない。老婆に変身して地上に降り、優しく「そんなに高慢になると罰を受けることになるよ」と忠告した。だが、アラクネはいっこうに態度を改めない。そこで怒ったアテナは本来の姿に戻り、アラクネに機織りの勝負を挑んだのである。

素晴らしい手さばきで手際よくアテナが織りあげたのは、神々しい光に包まれたオリュンポスの神神の勇姿だった。そして隣を見ると、なんとアラクネが織っていたのは、ゼウスやほかの神々が人間の女を手ごめにしたり、密通したりの恥ずべき絵柄だったのだ。

堪忍袋の緒が切れたアテナは、その場でアラクネを醜いクモの姿に変えてしまった。だからクモになったアラクネは、今でも黙々と自分の糸で一心不乱に機を織りつづけているのである。

アテナとポセイドンのアテナイ守護神争いの絵。左がアテナ。

アフロディテ

Aphrodite

自らも恋に生きた美と愛と女神

息子クロノスによって切り落とされ海に捨てられた、ギリシア神話最古の男神にして、ティタン族のウラノスの男性器にまとわりついた泡……。

ギリシア全土で崇められた美と愛と結婚の女神アフロディテは、その泡から生まれたといわれる。彼女はキプロス島に流れ着き、その地の守護神となった。

アフロディテと息子のエロス。

もともとは豊穣・多産を司るオリエントの女神と起源を同じくする外来の女神だった。キプロス島を聖地とするため、アフロディテにはキュプリスという別名もある。庭園や公園に祀られ、繁殖と豊穣を司る神として崇拝されていたが、時代が下るにつれ、次第に愛の女神としての属性を強めていった。

ギリシア神話におけるアフロディテは、まさに愛の女神の名にたがわぬ恋多き女だった。そんな彼女にも正式な夫がいて、それはゼウスとヘラの息子でオリュンポス12神のひとり、鍛冶の神ヘファイストスだった。

しかしその夫ときたら、よりによって神々のなかでもとくに醜く、風采が上がらない。美しいアフロディテを伴侶に得たことを素直に喜ぶ夫を後目に、彼女は浮気にいそしんでいた。なかでも長く関係を続けていたとされるのが、後述する軍神アレスである。

アレスはヘファイストスの兄弟とは思えないほど逞しい美男だった。アフロディテが常に連れている愛息のエロス（キューピッド）は、アレスとの不倫関係でもうけた子どもであるともいわれる。

アフロディテには、こんな神話も伝わっている。

自分への祭祀を怠った王の娘スミュルに腹をたてたアフロディテは、彼女に「実の父親を愛してしまう」という呪いをかける。呪いのとおり、父に恋したスミュルは、策を弄して自分の正体を隠し、なんとか想いを遂げるが、これが父に露見してしまう。腹を立てた父親に追われたスミュルは神に祈り、1本の木と化した。その幹のなかで育ち、生まれ落ちたのが、不義の子アドニスだった。

あるときアフロディテは伸びやかに成長したアドニスに会い、その美しさに心を奪われる。彼女はアドニスを自らの庇護下におき可愛がった。しかしアドニスは狩猟の最中に、野猪の牙にかかって死んでしまう。アフロディテは嘆き悲しみ、自らの血をアドニスの倒れた大地に注いだ。その地から芽生えたのが、赤い花弁のアネモネといわれる。

この説話は、地母神と死んで甦る穀物霊としての少年という、オリエント起源の宗教の特色を色濃く残したものである。

ローマ神話におけるアフロディーテはウェヌス、この名の英語形は「ヴィーナス」で、金星を意味している。

ボッティチェリの名画『ヴィーナスの誕生』。

風よりも速く走る神々の伝令神

ヘルメス
Hermes

ヘルメスはオリュンポス12神のひとりでありながら、泥棒や山賊の守り神でもあるという、いっぷう変わった青年神である。彼はゼウスの末っ子で、ティタン族アトラスの7人の娘であるプレアデス（すばる）のひとり、マイアを母として生まれた。

ヘルメスは、よくいえば自由気まま、悪くいえばやりたい放題のところがあった。生まれたその日にアポロンの家畜を盗み出して遊び、その後はゆりかごに戻って寝たふりをしていたというエピソードがそれを物語っている。こんな行動から、泥棒の守り神といわれるようになったのかもしれない。

本来のヘルメスは商業の神であり、貿易の神であり、旅人の神である。彼はまた、ゼウスの伝令役でもあった。翼の生えた靴を履いて、風よりも速く走り、手には使者の役を示す杖を持っている。ヘルメスはオリュンポスの神々のなかでも最も頭が鋭く、ずる賢く、すばしっこい神であるといわれている。これは商売を成功させるためには、人の考えの裏まで読み、清濁《せいだく》合わせ飲むような賢さがなくてはならず、またすばやい決断力と実行力が必要とされるということ。だからこそヘルメスは商業・交易の神として崇拝されたのだろう。

商業や貿易の神でもあるヘルメス。

ゼウスの忠実な部下であるヘルメスは、実はその浮気の手助けまでしている。

ゼウスは美貌の女祭司イオに恋してしまった。そして、雲を呼び寄せるとイオを包み込み、自分のものにしてしまう。その後、妻の嫉妬を恐れたゼウスはイオを牝牛に変えた。

笛で怪物アルゴスをなだめ、眠らせたヘルメス。

だが、すべてを見抜いたヘラは、ゼウスを説得して牝牛を自分に贈るよう頼み込む。ゼウスは仕方なく牝牛を妻に渡す。

ヘラは二度とゼウスが手を出せないように、牝牛をアルゴスに見張らせることにした。アルゴスは体中に100個の目があり、しかもそれらが交代で眠るために、彼自身は常に起きているという怪物だ。

イオが哀れで見ていられなくなったゼウスは、ヘルメスに彼女の救出を命じた。ヘルメスは牛飼いに姿を変えてアルゴスに近づくと、葦で作った笛を吹きはじめた。その美しい音色を聴くうちに、アルゴスはうっとりと100の目すべてを閉じ、眠りに落ちたのである。

そこに足音を忍ばせて近づいたヘルメスは、隠し持った剣で怪物の頭を切り落とし、イオを自由の身にしたのだ。

ローマ神話では商業神のメルクリウスがヘルメスに当たる。神々の使者であり、科学・商業・盗人・旅人の守護神。翼のある帽子とサンダルを身につけ、青年の姿で描かれるなど、ヘルメスの特徴がそのまま受け継がれている。

ディオニュソス
Dionysus
酒と演劇で人々を陶酔させた異端の神

酒の神ディオニュソスは、ゼウスと人間の娘セメレとの間にできた子どもだが、彼の誕生にまつわる話は悲劇的なものである。

ゼウスは美しいセメレに夢中で「おまえの望みは、何でもかなえてやる」と誓った。

これを天上から聞いていたのが嫉妬深い妻ヘラである。夫と愛人の姿に業を煮やした彼女は、悪知恵を働かせた。セメレをそそのかし「愛しているなら、ありのままの姿を見せてほしい」といわせる。そんなことをしたら、人間は死んでしまうからだ。しかし、神が誓いを破るわけにはいかない。

しかたなくゼウスは、雷を操る神の姿を現した。そしてゼウスが放つ光に焼かれ、セメレは灰になってしまったのである。

セメレが身ごもっているのに気づいたゼウスは、彼女の体から胎児を取り出し腿の間に埋め込んだ。

こうして体内で育てられた赤ん坊は、月満ちてゼウスの腿のなかから生まれ出た。これがディオニュソス、ローマ神話でいうところの、酒の神としておなじみのバッカスだ。

成長した彼はヘラの目を逃れ地上をさすらい、この間に身につけた葡萄の栽培やワイン作りの知識を、行く先々で人々に教え広めた。

これ以降、酒を覚えた人間たちは酔っぱらい、やりたい放題の大騒ぎを繰り広げた。

ディオニュソスが母の灰のなかから甦った話は死と再生、そして

放浪のうちに、多くの信者を獲得したディオニュソス。

ディオニュソスと彼につきしたがう女性信者たち。

酒による興奮は狂気と性的陶酔を象徴する。信者たちは酩酊し、暴力的になり、流血を好み、奔放な性に酔いしれた。

　こうして彼は、小アジアを中心とした熱狂的カルト集団の中心的な神となり、古い秩序を守る為政者たちから見れば異端となった。

　長旅のすえに故郷テーバイに戻ってきたディオニュソスは、自らの信仰をこの地に打ち立てようとした。彼の後ろからは女性信者たちの群れが、恍惚として歌い踊りながらついてくる。影響力を恐れたテーバイ王ペンテウスは信仰を禁止し彼らを捕らえようとしたが、ディオニュソスは信者たちとともに山のなかに逃げたのである。

　女性信者の群れには、テーバイの人々も混じっており、王の母や姉妹もそのなかにいた。激怒して追ってきた王の姿は、幻覚を見ていた女性たちの目にはライオンに映った。そしてペンテウスの母親を先頭に、女性たちは王に躍りかかり、八つ裂きにしてしまったのである。

　こうして多くの崇拝者たちを獲得したディオニュソスは、冥界に赴いて自分の母を救い出し、晴れて神々の仲間入りをしたのだった。

　なお、ディオニュソスを称える退廃的な祭りは、時代が流れるうちに軌道修正され、やがて劇場で行われるようになった。アテナイをはじめとするポリスでは毎年ギリシア悲劇が演じられ、詩文芸が発展した。このようにディオニュソスは、演劇の神としても崇められるようになったのである。

ヘスティア
Hestia
家庭の中心の炉を守る処女神

炉の女神ヘスティアはゼウスの姉であり、オリュンポス12神のひとりである。彼女はゼウスの館の炉の番をしており、一度も下界に降りたことがなかった。そのため、エピソードは少ない。ヘスティアはポセイドンとアポロンにプロポーズされたこともあるが、結婚を嫌い、ゼウスに永遠の処女でいたいと懇願し、これを許された。

古代ギリシアでは炉は家の中心にあり、家族が集う大切な場所であった。その炉を司るヘスティアは家庭の守護神として敬われていた。

人々は食事の前後に必ず彼女へ供え物をしたという。また、子どもが生まれると彼女のもとに連れていき、そこで初めて家族の一員とみなされたのである。

当時は家庭の延長線上に国があると考えられていたので、ヘスティアは国家安泰のための守り神でもあった。人々は彼女に捧げるいろりを町のなかに作り、絶えることなく火を燃やしつづけていた。この場所は会議の場でもあり、植民地建設の際には、この炉の火を聖火として、新たな地にもたらすのが常だった。

ゼウスの館の炉を守ったヘスティア。

血なまぐさく冷酷な軍神

アレス Ares

古代ローマの戦いと復讐の神マルスに捧げられる祭儀は、毎年マルスの月である3月「March」にあり、戦争の勝利祈願が行われた。

また歴代の皇帝は「マルスの矢」と呼ばれる矢を常に保管し、それは特別の力をもつと信じられていた。

ローマではこれほど重要な神であったにもかかわらず、ギリシア神話のマルスにあたる軍神アレスは登場回数が少ない。美男であったことは確かなようだが、ゼウスとヘラの息子で、オリュンポス12神のひとりであるのにもかかわらず、人妻アフロディテの浮気相手にして凶暴、冷酷であるという以外、これといって特徴もない。

しかも、人間の英雄ディオメデスに敗れたり、巨人の兄弟アロアダイに13か月も壺のなかに閉じ込められたり、戦いの神というのに、神話のうえではろくなエピソードがない。

同じく軍神のアテナが、戦争における策略や栄誉を表しているのに対し、アレスは戦いの狂乱と破壊を表している。ギリシア人は残忍なイメージの強い彼を、あまり好きではなかったようだ。

アレスは軍神というには、少々お粗末だった？

ヘファイストス
Hephaistos
最も醜いが腕は確かな鍛冶の神

ヘファイストスの仕事場は火山の奥にあったという。

ゼウスがひとりでアテネを生んだのに対し、ヘラがひとりで生んだ子どもがヘファイストスだ。彼はオリュンポス12神のひとりで、鍛冶を司っていた。

神々といえばほとんどが美しい容姿をしているのに、彼は非常に醜く、足も不自由だった。これはゼウスと大喧嘩をしたヘラが（ゼウスという説もある）、腹立ちまぎれに彼を下界に投げ落としたせいだといわれている。海に落ちたヘファイストスは海底で育ち、そこで鍛冶の技術を習得する。

ヘファイストスに作れないものはなく、神々のために武具や装飾品、家を作った。その技を生かして浮気者の妻をこらしめたこともある。見えない網を作り、妻のアフロディテと浮気相手のアレスをベッドに縛りつけ、神々の前に全裸のふたりをさらして笑いものにしたのだ。それにしても醜いヘファイストスの結婚相手が、美の女神アフロディテだというのも皮肉な話である。

鍛冶のときに自在に火を操ることから火の神でもあり、ローマ名ヴァルカヌスは火山（ボルケーノ）の語源となった。

いたずら好きな恋の使者

エロス

Eros

エロスは地母神ガイアから生まれた、世界の始まりから存在する神だが、後にアフロディテがアレスと不倫をしてもうけた子どもとされた。このため本来は恋と性愛を司る男性神だったのが、時代が下るにつれ、翼が生え、弓と矢を持つ愛らしい子どもの姿（キューピッド）に描かれるようになった。

エロスはいたずら好きで、愛の弓矢で神や人の恋心をもてあそんでいた。その金の矢で撃ちぬかれた者は激しい恋に落ち、鉛の矢で撃ちぬかれた者は恋ができなくなるのだ。

あるとき、アポロンにばかにされたエロスは復讐を謀った。まずアポロンの胸を金の矢で射ぬき、次に川の神の娘ダフネに鉛の矢を放ったのだ。一瞬にして恋に落ちたアポロンは、ダフネに愛を迫ったが、彼女は拒否するばかり。とうとうアポロンは川のほとりまでダフネを追いつめた。彼女は求愛から逃れるため父に祈り、月桂樹に姿を変えたのである。

嘆き悲しむアポロンは、愛の証として月桂樹の葉で編んだ冠を作った。そして、これを永遠に外すことはなかったという。

エロスを描いた古代ギリシアのプレート。

神々の母である大地の女神

ガイア

Gaia

この世の初めは形もないカオス(混沌《こんとん》)に満ちていたが、このカオスから最初に生まれたのがガイア(大地)だ。次に地下にある闇に閉ざされた場所であるタルタロスが、エロス(愛)と闇に変化していった。

　さらにガイアは、独力で天(ウラノス)と山と海(ポントス)を生んだ。そして、ウラノスと交わり、ティタン族の神々となる12人の巨人を生むのである。

　その後ガイアは、ひとつ目の巨人キュクロプスと、頭が50に手が１００本ある巨人ヘカトンケイルを生む。だが、無気味な怪物の出現に、父であるウラノスは彼らを大地の穴に突き落としてしまう。

　これを恨みに思ったガイアは復讐を謀った。そして、他の子を呼び集めウラノスを討つように命じたところ、ひとりクロノスが立ち上がり、父を追放したのである。

　後にガイアはポントスを夫とし、ネレウス、ポルキュス、ケトなどを生む。このように、ギリシア神話に登場する神々のほとんどはガイアの血をひき、人間もその血筋にあるため、彼女は母なる女神として人々から崇拝された。

原初の女神ガイアの誕生。

最初に王となった天を司る原初神

ウラノス

Uranos

ガイアから生まれた息子であるとともに夫でもある。ウラノスとはギリシア語で「天」を意味し、天が神格化したものといえる。彼はまた「星をちりばめた」という称号をもち、その名のとおり、体に無数の星がちりばめられていた。

夜になると暗くなるのは、彼がガイアのもとを訪れる際に、夜の女神であるニュクスを連れてくるからだという。

ウラノスは神々の上に立ち、世界をその手中に収めた最初の王である。しかし、やがて妻ガイアと息子クロノスに裏切られることになる。

天であるウラノスが降りてきて、大地であるガイアに覆いかぶさった。その後、全裸で眠るウラノスの生殖器めがけて、クロノスは大鎌をふるった。流れ出た血はガイアの体内にしみ込んで、蛇の髪をもった3人の恐るべき女神エリニュスが生まれ、クロノスに王者の地位を渡した。

子どもに背かれたウラノスは、「おまえもやがて息子に王座を奪われる」と呪いの言葉を口にする。そしてその予言どおり、クロノスも同様の運命をたどるのである。

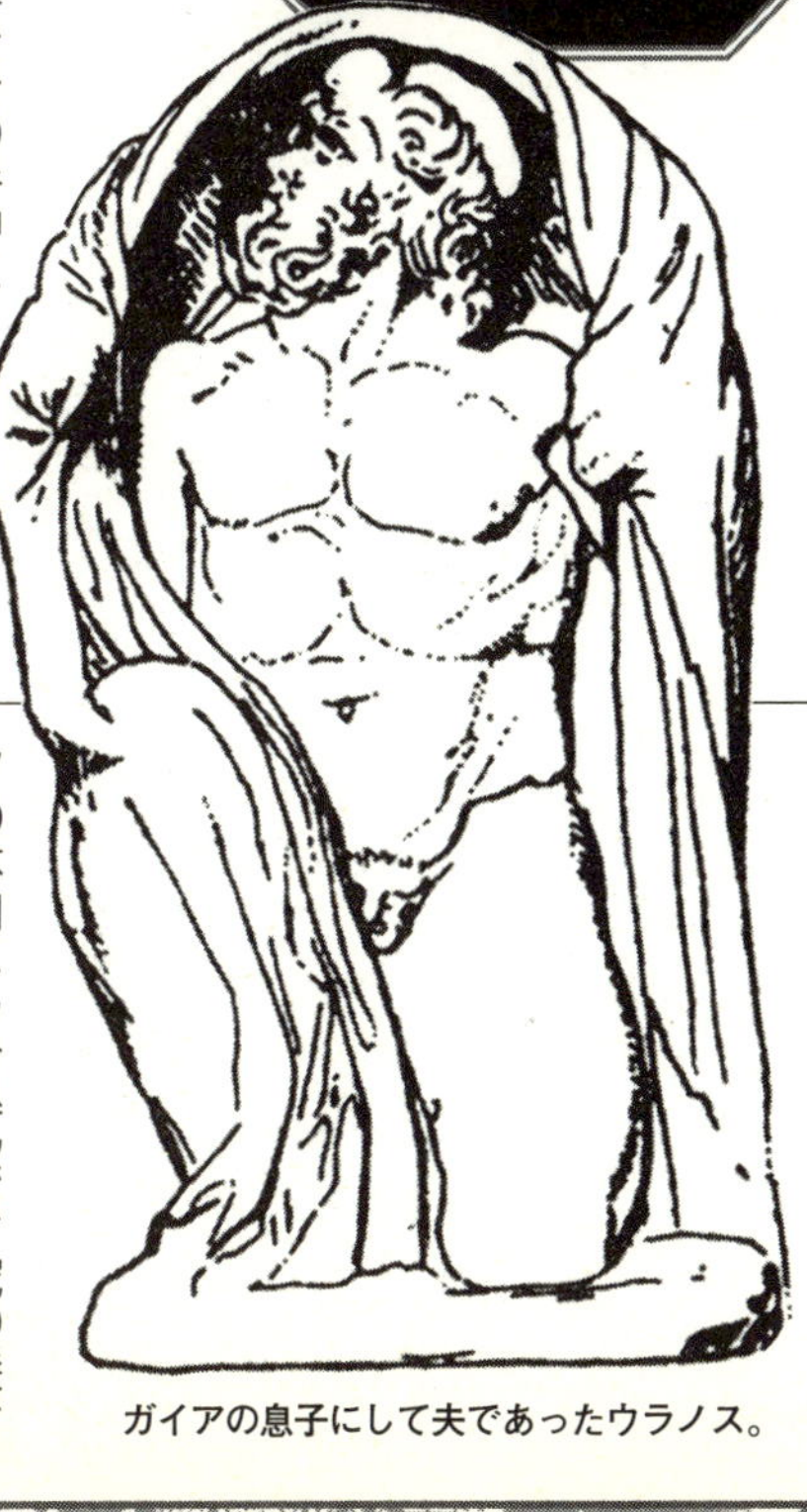

ガイアの息子にして夫であったウラノス。

クロノス

Kronos

予言どおりに王座を追われた神

クロノスは大地の神であり、農耕の神でもある。ウラノスとガイアの息子で、ゼウスやポセイドンらオリュンポス12神の父、または祖父にあたる。王座に座るまでの過程は前項で触れたので省略するが、彼は「子どもに王座を奪われる」という、父ウラノスの予言が気になってしかたがなかった。そして予言を恐れるあまり、クロノスは妻レアが生んだ子どもを呑み込んでいったのである。

　レアの機転で助かった末っ子ゼウスは、救出した兄たちとオリュンポス山に布陣を敷き、父に戦いを挑んだ。一方クロノスはティタン族（ガイアとクロノスの子どもたち）を集め、これを迎え撃つ。

　神々の激戦は10年もの長きにおよんだ。そこでガイアはゼウスに入れ知恵をした。「幽閉されているヘカトンケイルたちを助け出し、味方につけなさい」と。

　助言を受け入れたゼウスは地底から巨人たちを助け出した。

　巨人たちは喜んでゼウス側につき、大暴れして敵陣を攻撃した。クロノスは惨敗し、予言どおり王の座を奪われ、地底深く幽閉されたのである。

シンボルである大鎌を持つクロノス。

天を支えつづける巨体の持ち主

アトラス

Atlas

オリュンポス神族との戦いに破れたティタン族の巨人アトラスは、ゼウスから世界の西の果てに立ち、天が落ちてこないように支える役目をいいわたされる。

あるとき、黄金のリンゴをとってくるように命じられた英雄ヘラクレスが、アトラスのもとを訪れる。一計を案じたアトラスは、「代わりにとってくるから、その間天を背負っていてくれ」と頼んだ。こうして天空をヘラクレスに任せ、アトラスは庭園に向かった。

ところが、リンゴを持って帰ってきたアトラスは「このまま自分がリンゴを届けてやるから、しばらく天を支えてほしい」といいだした。

アトラスが自分を謀ろうとしているのに気づいたヘラクレスは、知恵を絞った。そして納得したふりをしつつ「この姿勢のまま背負いつづけるのは辛いので、もっと楽に背負えるコツがあれば教えてください」という。考えの足りないアトラスは再び天を背負って見本を見せ、その間にヘラクレスはリンゴを手に取り立ち去った。

アトラスは辛い責務から逃れる千載一遇のチャンスを棒に振ったのである。

ゼウスの命令で天を支えつづけるアトラス。

火をもたらした人類の恩人
プロメテウス
Prometheus

ゼウスの目を盗み、人間に火を与えたプロメテウス。

プロメテウスという名には「先見の明を持つ者、熟考する者」という意味がある。彼はティタン族のひとりであったが、ゼウスたちとの大戦のとき戦いの先を読み、ゼウス側についた。その功績によって、神々とともにオリュンポスで暮らしていた。

あるとき彼はゼウスに「粘土でわれらに似た人間を作れ。そして、われわれを崇める神殿を建てさせるのだ」と命じられる。プロメテウスが人間を作ると、ゼウスはこれに息を吹きかけ命を与えた。

そしてゼウスは彼に「おまえは知恵を授けてやれ。ただし火は与えるな」と釘をさす。なぜなら火は神々にしか扱えない大切なものだからだ。

命をもらったものの、人間には寒さから体を守る毛皮もなく、戦うための牙や鋭い爪もない。プロメテウスは道具を作るなどの知恵を授けるが、火のない人間の生活はみじめだった。哀れに思った彼は、ゼウスの罰を覚悟のうえで人間に火を与えたのだ。

下界から煙が立ち上っているのを見たゼウスは激怒した。プロメテウスは捕らえられ、カウカソス山の山頂に鎖で縛りつけられた。

そこで彼はゼウスの遣わした大鷲に、生きながら毎日、肝臓をついばまれる責め苦を強いられた。プロメテウスは不死であるため、彼の肝臓は夜中には再生してしまうのだ。

そのころゼウスは火を得た人間が神に追いつくことを恐れ、一計を案じた。人間の女パンドラを作り、プロメテウスの弟エピメテウスのもとに差し向けたのだ。しかも自分からの贈り物と称してひとつの壺を持たせ、「絶対に開けてはならぬ」と命じて……。

　エピメテウスは何も疑わず、パンドラを妻にした。

　だが、パンドラはゼウスに禁じられていたにもかかわらず、その蓋を開けてしまう。すると、なかから病気、盗み、憎しみ、裏切りなど、ありとあらゆる悪徳が飛び出してきた。ゼウスはパンドラが開けることを見越して、人間を苦しめる諸悪を壺のなかに封じ込めておいたのだ。驚いたパンドラが蓋を閉めたとき、壺のなかには「希望」のみが残ったのである。こうして最後まで残った希望は、今も人々のかたわらにとどまりつづけている。

　一方、大鷲に苦しむプロメテウスは、実はゼウスに関する重大な予言を握っていた。それは「ウラノスがクロノスに、クロノスがゼウスに追われたように、もしゼウスが海の女神テティスと結婚すれば、彼もまた、ふたりの間に生まれた子に追われるだろう」というものだった。プロメテウスは、ゼウスがその予言の詳細と交換に、いつか自分を解放するだろうということを予知していた。

　だが後年、彼を助けたのはゼウスではなかった。プロメテウスは結局、英雄ヘラクレスによって鎖を解かれたのである。


プロメテウスの肝臓は毎日、大鷲についばまれた。

金羊の毛皮を求めた冒険者

イアソン

Iason

イアソンは数奇な運命をたどった英雄である。イオルコスの王アイソンは、異父弟ペリアスの裏切りにより王位を奪われる。アイソンは息子の命だけでも助けようと、幼いイアソンを半人半馬のケンタウロスの賢者に託した。やがて成人したイアソンは王位継承権を主張するため王国へ向かう。ペリアスは現れた若者がサンダルを片方しか履いていないことに気づき驚愕する。彼は「サンダルを片足だけ履いた者に王位を奪われる」という予言を受けていたからである。ペリアスはイアソンを亡き者にするべく画策し、コルキスへ行き金羊の毛皮を持ち帰ったら王位を譲ろうと約束する。

そこでイアソンはギリシア全土から英雄を募った。集まった人々はヘラクレス、カストル、オルフェウス、ネレウスなど有名な勇士たちだった。彼らはアルゴ船に乗り女神アテナの祝福を受け、コルキスに向かった。そして、幾多の冒険を経てコルキスに到着したのである。

だが、コルキス王アイエテスは、イアソンに金羊の毛皮を渡すつもりはなく、難題を課す。それはアレスより贈られた火を吐く牡牛にくびきをつけ大地を耕し、そこに竜の歯を時《ま》いて、誕生した兵士たちを退治しろというものであった。

難題に苦しむイアソンの前に魔法を操る王女メデイアが現れ、父を裏切ってイアソンを助ける約束

アテナ(右)とイアソン。

をする。メデイアはイアソンにひとめ惚れしていたのだ。

当日、イアソンはメデイアからもらった炎を避ける香油を体に塗り、牡牛にくびきをつけ、大地を耕した。その土地に竜の歯を蒔くと、次々と兵士が生まれ、彼に襲いかかってきたが、メデイアに教えられたとおり大石を投げ込むと、兵士たちは同士討ちを始めたのである。

しかし、それでもなお、王は彼に金羊の毛皮を渡す気はなかった。

それを知ったメデイアは結婚することを条件に、イアソンを宝物がある場所に案内し、魔法で見張りの竜を眠らせた。こうしてイアソンは目的の品を手に入れたのである。

イアソンはメデイアと彼女の弟を連れ、コルキスから逃げ出した。だが、王の船に追いつかれそうになると、なんとメデイアは弟を殺し、その体をばらばらにして海に投げ捨てたのである。王がその遺骸を拾っている間にイアソンたちは逃げのびた。

イアソンと魔女メデイア。

ところが、多くの困難を乗り越え金羊の毛皮を持ち帰ったイアソンだったが、ペリアスは王位を譲ろうとしない。そこでメデイアは若返りの魔法をペリアスの娘たちの前で見せ、父王を若返らせたらどうかと勧める。娘たちは教えられたとおり、父ペリアスを釜で煮るが、若返るどころか死んでしまう。メデイアは民に恐れられ、イアソンは王位を継ぐどころか、国にいられなくなってコリントスに逃れた。イアソンはその後放浪し、アルゴ船の残骸の下敷きになって死んだという。

ギリシア神話中最大の英雄

ヘラクレス

Herakles

英雄ヘラクレス誕生には、こんなエピソードがある。

美女アルクメネを見初めたゼウスは、彼女の夫に化けて思いを遂げた。次の日、遠征から戻った本当の夫と床をともにしたアルクメネは、神の子ヘラクレスと人の子イフィクレスの双子の母となる。

しかしアルクメネに嫉妬したゼウスの妻ヘラは、双子の誕生の順番を変え、本来、支配者となるべきだったヘラクレスの運命を狂わせた。このヘラの悪意は、ずっとヘラクレスの人生にまとわりつくことになる。

ヒュドラと戦うヘラクレス。

次にヘラは、2匹の蛇をゆりかごに放った。しかしこれは、赤ん坊のヘラクレスに素手で絞め殺されてしまった。

青年となったヘラクレスはテーバイの王女メガラと結婚して3児の父となる。だが、ヘラが狂気を吹き込んだため、ヘラクレスはわが子を炎のなかに投げ込んで殺してしまう。しかも、この悲劇に耐えきれず、妻も自殺するのである。

正気に戻った彼は、この罪を償う方法を神に問う。神託は「王がいいつける難題を果たせ」というものだった。これが以下のような、世に名高い「ヘラクレスの12の功業」である。

①ネメアの不死身の獅子退治。
②レルネの頭が9つある毒蛇ヒュドラ退治。
③ケリュネイヤの黄金角の牡鹿の

生け捕り。
④エリュマントス山の猪の捕獲。
⑤30年間掃除していない3000頭の牛が住む牛小屋掃除。
⑥怪鳥ステュンパデス退治。
⑦クレタの暴れ牛の生け捕り。
⑧ディオメデスの人食い馬の捕獲。
⑨アマゾンの女王の帯の獲得。
⑩ゲリュオンの牛の奪取。
⑪ヘスペリデスの園から黄金のリンゴを盗み出すこと。
⑫冥界の番犬ケルベロスを連れてくること。

彼はこれらの難業をすべて成し遂げた後も、さらに数々の遠征や戦闘に加わった。

盟友アドメトスの妻を冥界から救い出し、イアソンの呼びかけに応じてアルゴ船に乗って冒険し、神々と巨人族ギガンテスとの戦いでは、神々を助けて勝利をもたらした。ジブラルタル海峡を通過した際に両岸にヘラクレスの柱を残し、アンタイオスとの相撲勝負に勝つなど、枚挙にいとまはない。

後にヘラクレスは川の神と美女デイアネイラを争い、勝って彼女を妻にする。

帰国の途中、ケンタウロスのネッソスが妻を犯そうとしたので、ヘラクレスはヒュドラの毒矢で彼を射殺す。瀕死のネッソスはデイアネイラに「夫の愛がさめそうなとき、私の血を使うと効果がある」といい残す。後に夫が浮気しそうになったとき、彼女はネッソスの言葉を思い出し、その血を塗った服を夫に送る。ところが、それを身につけたヘラクレスの体は焼けただれたのである。

苦しみに耐えながら、彼は不死の命を断つために、自ら火葬壇に身を横たえ、炎に包まれて死んだ。

死後、ゼウスは彼を天上に迎え入れる。ここでやっとヘラは彼を許し、女神ヘベと結婚したヘラクレスは神の列に加わったのだ。

幼児にもかかわらず、ヘラクレスは蛇を絞め殺した。

唯一の急所を射ぬかれて落命

アキレウス

Achilleus

プティアの王ペレウスと海の女神テティスの子アキレウスは、トロイア戦争最大の英雄である。

テティスは幼い息子を不死身にするため、脚を持って冥界の川に浸した。そのとき水につからなかったアキレス腱だけが彼の急所となる。

成長後、アキレウスは親友パトロクロスとともにトロイア戦争に出陣した。彼は美女ブリセイスを獲得したが、自軍の総大将アガメムノンが奪ったので、怒って戦場から退いてしまう。だが、アキレウスがいなくなって、神々の加護を失ったギリシア軍は大敗した。

見かねたパトロクロスはアキレウスの鎧を借りて彼に化け、出陣したが、敵将ヘクトルに討たれてしまう。

友の死を嘆いたアキレウスは、ヘクトルを討ちとる。しかし怒りは収まらず、死骸を戦車に結びつけて引きずり回して辱めた。

それを悲しんだヘクトルの父は、彼の陣営を訪れ、遺体の返却を願った。親の愛に心を打たれたアキレウスは遺体を返す。その後、彼自身も、唯一の急所であるアキレス腱を敵の王子パリスの放った矢に射られ、命を落とすのだった。

アキレウス（右）と親友パトロクロス。

トロイアの木馬の立案者
オデュッセウス
Odysseus

オデュッセウスと妻のペネロペイア。

有名な「トロイアの木馬」の立役者オデュッセウスは、ギリシア神話の英雄のひとりであり、ホメロスの英雄叙事詩『オデュッセイア』の主人公でもある。

　当時、ギリシア対トロイアの戦いは10年が過ぎ、膠着状態にあった。

　オデュッセウスは巨大な木馬を作らせ、なかに戦士たちを潜ませた。

　これをトロイアに残すと退却を装ったのだ。ギリシア軍が撤退したと信じ込んだトロイア軍は、木馬を城門のなかに引き入れ神殿に奉納し、市をあげて勝利の宴会を開いた。

　みんなが酔いどれ眠りこけたころ木馬からギリシア兵が現れて城門を開け、待機していた自軍の兵をトロイア城のなかに引き入れた。

　そして大勝利をおさめ、この戦争にピリオドを打ったのである。

　このことがポセイドンの怒りに触れ、オデュッセウスは海上をさまよい、兵士も船も失い、艱難辛苦《かんなんしんく》のあげく、10年もかかって故郷イタケに帰還した。帰ってきた彼は、妻ペネロペイアへの求婚者たちを滅ぼし、またポセイドンの怒りを鎮めるために、神殿を建てたのである。

メドゥーサ退治で一躍有名に

ペルセウス
Perseus

アルゴス王アクリシオスは「娘の生む子に殺されるだろう」という神託を受け、娘ダナエを青銅の塔に閉じ込める。彼女は毎日、泣き暮らしていたが、そのすすり泣きにゼウスが耳をとめた。

　塔のなかの美しい乙女に惹かれたゼウスは、黄金の雨になってダナエのもとに通い、やがてペルセウスが生まれる。

　ダナエの出産を知った王は激怒するとともにおびえ、娘と孫を大きな箱に入れ、海に流してしまう。

　箱はセリフォス島に流れ着き、ふたりはその地の漁師に助けられた。そして、ペルセウスはこの島で立派な若者に成長した。

　島の王はダナエが気に入っていたが、彼女は王を嫌っていた。しかも武勇に長けたペルセウスがいるので、王は彼女に近づけない。

　そこで王は策略を巡らし、怪物ゴルゴンのひとりメドゥーサの首を取ってくることを、ペルセウスに命じたのである。

　メドゥーサは髪の1本1本が蛇でできていて、見る者を石に変えてしまうという怪物だ。そんな恐ろしいものと、どう戦えばいいのか？　思い悩む彼の前に、女神アテナと伝令の神ヘルメスが現れた。

「この盾に映った姿を見ながら戦えば、石にはなりません」と、アテナは青銅の盾と何でも切れる剣を、ヘルメスは翼のあるサンダルを、ペルセウスに貸し与えた。

　こうして旅立ったペルセウスは、まずゴルゴンの居場所を聞きにグライアイ3姉妹のもとに行く。彼女たちは醜い老女で、3人で共有しているひとつの目玉と1本の歯を取り合って、喧嘩ばかりしてい

ポンペイの壁画に残されたペルセウスとアンドロメダ。

メドゥーサの首を掲げるペルセウス。

た。ペルセウスが目を奪うと、彼女たちはしぶしぶゴルゴンの居場所を教えた。

次にペルセウスが向かったのは海の果て、昼と夜が交わる場所にある花園だった。そこではアトラスが天を支えていた。アトラスはニンフをハデスのもとにやり、かぶると姿が見えなくなる帽子を借りてきてくれた。

これでメドゥーサ退治の用意は整った。ペルセウスは帽子をかぶり姿を消すと、メドゥーサに近づいた。そして、蛇の髪の毛がうごめく無気味なメドゥーサの姿を注意深く盾に映すと、狙い定めてその首を切り落とし、宙に舞い上がるや逃げ去ったのである。

帰り道、エチオピアの王女アンドロメダが、海の怪物への生け贄として岸壁に縛りつけられているのに行き会った。ペルセウスはメドゥーサの首で怪物を退治したうえ、王女を妻にしたのである。そしてセリフォス島に帰り着くや、母親にいい寄る島の王にメドゥーサの首を見せて石に変えた。

この後ペルセウスは、母と妻を伴い祖国アルゴスへ向かう。途中、ラリッサの町で競技会が行われていた。出場したペルセウスが円盤を投げると、客席の老人に当たり、老人は死んでしまう。その老人こそ祖父のアクリシオスだった。予言は実現したのである。

テセウス

Theseus

迷宮でミノタウロスを退治

牛頭の怪物ミノタウロスと戦うテセウス。

アテナイ王アイゲウスが旅先でトロイゼンの王女アイトラと契って、生まれた子がテセウスである。父は「子どもが成長したら、大岩の下に隠した私の剣とサンダルを取り出させ、それを持たせて私を尋ねさせるように」といい残して帰国する。

16歳になったテセウスは大岩をどかして力を証明し、証拠の品を取り出し、アテナイに向かった。そこで、アテナイの若い男女が怪物ミノタウロスの貢ぎ物にされていると知った彼は、身代わりにクレタ島へ赴く。

ミノタウロスは迷宮に棲んでいて、道に迷った人間はみな餌食となっていた。テセウスは素手でミノタウロスを退治すると、王女アリアドネの助言に従い、糸玉を使って迷宮を抜ける。しかし、見事に退治したら白い帆を掲げて帰国すると約束したのを忘れて帰路についたため、テセウスが餌食になったと誤解した父アイゲウスは、絶望して海に身を投げてしまう。

王位についた後のテセウスは専制を廃して民主制を確立し、国家の基礎を固めた。だが、後に王位を追われ、亡命先のスキュロス島で殺された。

第2章

北欧神話の神々

神々はラグナロクに向かう

北欧神話は、主に北ヨーロッパに住んでいた古代ゲルマン民族の神話である。ただし、彼らの住んでいた範囲は広大であり、北欧神話はゲルマン民族のすべてをカバーするものではない。現在、北欧とは一般にアイスランド・デンマーク・ノルウェー・スウェーデン・フィンランドの5か国を指す。このうち、フィンランドのみは民族・言語ともに異なるため、除外するとして、残り4か国がいわば北欧神話のおおまかな文化圏となる。

そして、それらが『古エッダ』および『新エッダ』と呼ばれる文章の形でまとめられ、完成したのは、12世紀後半から13世紀にかけてのことになる。

『古エッダ』は9～12世紀にかけてまとめられた叙事詩で、特定の作者はいない。17世紀にアイスランドで最古の写本が発見されている。『新エッダ』は別名『散文エッダ』とも呼ばれるもので、13世紀アイスランドの詩人・政治家のスノリ・ストルソンによって著された。これは詩人たちのために書かれた神話の解説書であった。

両者には一致しない点も多々あるが、共通点も少なくないため、現在このふたつの『エッダ』が北欧神話の根本資料となっている。

北欧神話の特徴は、北欧の自然とゲルマン民族の特質を反映

ラグナロクにおける
神々と巨人族の戦い。

したものか、いかにも重々しく暗く、そして悲壮である。

その世界観も複雑で錯綜《さくそう》している。氷と炎がぶつかって誕生した宇宙の中心にあって、宇宙を支える巨大なトネリコである世界樹「ユグドラシル」。そして、神々の住む世界「アスガルド」も、その敵である巨人族の住む世界「ヨツンハイム」も、死者の国「ヘル」も、すべてユグドラシルにある。ユグドラシルには人間の住む「ミッドガルド」など、計9つの世界が散らばっているのだ……。

なお、北欧神話の世界では神々にはふたつの種族があり、ひとつは農耕系のヴァン神族、もうひとつはオーディンに代表される、巨人族の子孫であるアース神族だ。両者は当初、対立していたが、アース神族が勝利し、人質を交換する形で和議を結んでいる。

ところで、北欧神話の特異さは神々が不死ではない点にある。不死どころか滅んでしまうのだ。それはある巫女が世界の創造から終末、そして再生までを、オーディンに語るという形で紹介される。その終末こそが、ことあるごとに対立を繰り返してきた神々と巨人族の最後の戦い「ラグナロク」であり、最終的に神々が敗北し、世界とともに滅びるというものだった……。

同じヨーロッパの神話でありながら、南のギリシアとは異質の味わいをもつのが、北欧神話なのである。

この世を作り神々を統べる最高神
オーディン
Odin

神々の頂点に立つ北欧神話の主神オーディン。

北欧神話最大の神といえば、このオーディンにとどめを刺す。オーディンはアース神族の最高神で、北欧の王家の祖。ボルと女巨人ブリトラの子で、多くの妻たちとの間に子をもうけた。フリッグとの間にバルドル、ヨルズとの間にトール、そのほかにティール、ヘイムダルなどの神神がいる。

オーディンは兄弟のヴィリ、ヴェーとともに、巨人イミルの身体から天や地をはじめとする全世界を作り、またトネリコとニワトコの流木から人間の男女を作った。神々が住むアスガルドもまた、彼らの手になるものだ。神々の主であるオーディンはアスガルドにある館に住み、高座フリズスキャルヴに座り、世界を見渡しているのだ。

オーディンは、絵画などでは片目がなく、長い白髭をもった老人で、つばの広い帽子を被り、槍を持った姿で表される。なぜ隻眼《せきがん》かというと、その目と引き換えに、ユグドラシルの根元に湧き出すミーミルという知恵の泉の水を口にしたからだ。これによって、彼は世界を治めるのにふさわしい叡智《えいち》を得た。

オーディンは風の神、死の神、軍神、詩と魔法の神などとされ、民俗学では夜の魔軍の長ともされる。その性格も複雑で、ひとことではいいつくせない。詩を作り文字を発明した文化英雄である一方、血なまぐさい犠牲と戦いを何よりも好むという荒々しい面ももっている。

伝承によると、彼は詩を作る才能をもたらす蜜酒が、巨人の洞穴でむなしく眠っているのを知ると、その略奪を計画した。そして、巨人スットゥングが隠匿《いんとく》している場所へ、蛇に変身して侵入する。次に美青年の姿に変わり、番をしていた巨人の娘に近づき3夜をともにした後、彼女から3口分の蜜酒を飲ませてもらう。

　しかしオーディンは、その3口で蜜酒の3つの容器を空にすると、鷲に姿を変え、追ってくるスットゥングを振り切りアスガルドへ戻った。こうして神々や人間は、美しい詩を楽しむことができるようになったのである。

　またルーン文字と呼ばれる北欧のアルファベットを発明したのもオーディンである。彼は文字の秘密を得るために、9夜9日の間世界樹に自らの首を吊るしたという。

　その一方で、彼は戦《いくさ》と死にもゆかりの深い神である。神々の世界アスガルドに構えた宮殿では、世界の終わりの戦いに備えて、戦死した人間の勇者を集めた大規模な戦闘訓練が、毎日行われていた。

　当然、オーディンは血気盛んな北欧の諸王や戦士たちの守護神であり、とりわけ彼の加護を受けた戦士は熊や狼のように獰猛になり、死を恐れず敵に突進していくようになるといわれている。

諸王や戦士たちの守護神たるオーディンはまた、文化英雄でもある。

　彼の最期は悲劇的なものだった。ラグナロクと呼ばれる、神々と巨人族の最終戦争において、ロキの息子である巨大な魔狼フェンリルによって呑み込まれてしまうのだ。

雷のハンマーを持つ荒ぶる神

トール

Thor

北欧神話最強の戦神のひとりで、その力はアスガルドのすべての神神を合わせたより強いとされる。

いかめしい顔は赤髭で覆われ、ミョルニールと呼ばれるハンマーと、そのハンマーの柄を握るための鉄の手袋、倍の力を得ることができる力帯を持っている。

武勇を重んじる好漢であるが、頭に砥石（火打石という説も）が入っているためカッとしやすく、すぐ暴力に訴える。しかし根は単純なので、命乞いをされたりすると怒りがおさまり、許してしまう。そんなわけでトールの神話では、その武勇が語られることが多い。

あるとき、トールは巨人の王ウートガルザ・ロキの宮廷を訪れた。そして、王の提案でさまざまな力比べをすることになる。まず酒の飲み比べで、「この杯の酒を3口で飲み干せたら、おまえを認めよう」とけしかけられる。トールは思いきり飲んだが、酒はほんの少ししか減らない。次は猫を持ち上げるのに挑んだが、片足を持ち上げるのがやっと。最後によぼよぼの老婆と相撲をとるが、押し負かされて膝をついてしまう。

意気消沈したトールだったが、実はウートガルザ・ロキの魔術にはまっていたのであった。杯は大海とつながっており、猫の実体は大地をぐるりと取り巻いている大蛇ヨルムンガンド、また老婆は「老い」の化身であったのだ。しかしトールが飲んだため、海では引き潮が起こり、片足分とはいえ大蛇を持ち上げ、「老い」にも膝をつく程度ですんだトールの怪力に、ウートガルザ・ロキは舌を巻いたのだった。

このほか女装して巨人スリュムからハンマーを取り戻す話や、巨人ヒュミルとの大蛇釣り、巨人ゲ

シンボルのミョルニールを振りかざすトール。

イルロズ退治などが語られている。

トール、あるいはドナールという名は、雷鳴のとどろきを擬音化したものに由来するといわれている。彼は2頭の山羊に引かせて車を駆るという。このときの車輪の音が、雷の音なのだという。ローマ人はトールをユピテル（ジュピター）と同一視していたが、それは元来、ユピテルが雷神だったことから来ているのだろう。

ミョルニールがあれば、トールに勝てる敵はいない。

また天地を引き裂いて走る雷光は、トールの持つミョルニールだとされる。このハンマーは「打ち砕くもの」という意味をもち、どんな敵でも一撃で倒し、遠くに投げても必ず手元に戻ってくる。しかも使わないときは、小さくして懐におさめることもできたのだという。彼はこのハンマーを、単に武器としてだけではなく、結婚や出産、葬礼などの際に、祝福を与えたり浄化をしたりする祭具ともしていた。これは古代北欧の人々にとっては、一種の魔術的な象徴だったようで、ハンマーをかたどったペンダントも出土している。

ラグナロクではヨルムンガンドを倒すが、その毒によって自らも命を落としてしまうのである。

勇ましき隻腕の軍神

ティール

Tyr

ティールは、オーディンやトールに勝るとも劣らない勇敢な神とされるが、北欧神話では、このふたりほど登場シーンは多くない。

「ティール」というのは、古くは「神」を表す一般名詞でもあった。本来は天空神だったらしいが、現存する史料のほとんどが軍神としている。

理由としては、ゲルマン人の世界に激しい戦乱の時代が続き、戦いの神であるオーディンへの信仰が盛んになった結果、最高神となったオーディンに代わって、ティールが一介の軍神に格下げになったと考えられている。

このような経緯をたどったため、ローマ人はティールを軍神マルスと同一視した。現在、ティールの名前は火曜日（Tuesday）という言葉になって残っているが、これはローマ人が「マルスの日」を「ティールの日」と呼び変えたことに由来するという。

さらに、ティールはルーン文字にもその名を残している。ルーン文字「ティール」は槍をかたどったもので、占いにおいては戦いの

もとは天空の神だったティール。

勝利を、また呪術においては危機的な状況のなかから勝利をもたらす呪符として使われたという。実際、ティールの文字を刻んだ武器が、ゲルマン諸国からいくつか出土している。

なお、ティールの勇ましさを伝える神話はわずかしか知られていないが、そのひとつはきわめて印象的なものだ。

北欧の神々の最も厄介な敵のひとつに、魔狼フェンリルがいる。ロキの息子のひとりであったが、大変気性が荒く、餌をやる役目は戦いの神ティールでないと務まらない。「やがて大きな狼が神々の国を滅ぼすであろう」と予言されていたこともあり、オーディンはフェンリルを縛りつけておくことにする。

しかしどんな頑丈な鉄の鎖も、この狼にかかるとひとたまりもない。そこで名工である小人に命じ、特別製の鎖を作らせた。一見、絹のリボンのように見えるそれは、決して切れることのない魔法の鎖であった。

「この紐が切れるか、おまえの力を再度試そう」と神々は誘いをかけたが、フェンリルとて、見るからに怪しげな紐につながれるほど愚かしくはない。そこで「だれかが俺の口のなかに片腕をさし込んでいれば、その挑戦を受けよう」と切り返したのだ。

ためらう神々を見て、フェンリルはせせら笑った。そのとき、ティールがグイッと狼の口のなかに手をさし込んだのだ。神々はすばやく狼を縛り上げた。フェンリルは紐を切ろうと必死でもがいたが、かえって体に食い込んでくる。紐が切れないと悟ったフェンリルは激怒し、口のなかのティールの腕を噛み切った。絵画などで、彼が隻腕の戦士の姿で描かれていることが多いのは、そのためである。

なお、ラグナロクにおいては、ティールは冥府の番犬ガルムと相討ちになって死ぬとされている。

魔狼フェンリルに噛まれて、ティールは片腕を失った。

北欧神話のトリックスター的魔神

ロキ

Loki

ロキは北欧神話のなかで、すこぶる不思議な神といえよう。彼は巨人族の血を半分引いていたが、オーディンと義兄弟となり、神の国アスガルドに住んでいる。たいした知恵者で神々の急場を幾度も助けるが、気まぐれで邪悪ないたずらをしては、神々の世界に大騒動と混乱を引き起こす。

ロキと若さの女神イドゥン（左）。

ロキは騒動の過程で、宝物を騙して作らせたり奪ったりすることが多く、結果としてしばしば神々に大きな利益をもたらした。オーディンの槍グングニル、トールのハンマー、フレイの船、黄金を生み出す腕輪も、ロキが引き起こした厄介事の結果、神神が手に入れた宝物だ。また牝馬に変身して巨人族の魔の馬と交わり、8本脚のスレイプニールを生んだりもしている。この駿馬は後にオーディンの愛馬となる。

専門家によると、ロキはオーディンなどに比べてさほど古い神ではない。また、ゲルマン人全体に共通して知られた神ではなく、出自は北のスカンジナビア半島らしい。

元来、ロキは燃えさかる山火事を人格化したもので、火の悪霊だったと思われる。その名前自体、「炎」を表すゲルマン語とも関係があるという。しかしその後、次第に北欧の神々のなかでその地位を高めていき、オーディンを主とするアース神族のひとりに数えられるようになったのだ。

　北欧神話の中盤、ロキの悪意は度を越していく。盲目の神ヘズルをそそのかしてバルドルを殺させ、また老婆に変身して、バルドルが死の国から戻ってこられないように仕向けた。

　さらに神々の宴に乱入し、集まった神々の過去の罪や恥辱をひとりずつ暴きたて、巧みに罵倒した。

　腹に据えかねた神々はロキを捕らえ、彼の息子の腸で岩に縛りつけ、毒蛇を頭上にくくりつける。毒蛇の口から猛毒がしたたり落ちるのだが、ロキの妻シギンが器を持って受け止めたため、毒が彼に触れることはなかった。

　ところが、器がいっぱいになると、彼女がそれを捨てに走り、そのとき一瞬だけ毒液がロキの顔を直撃する。ロキは苦痛のあまり、大地が震えるほど大声で叫び、身もだえた。それが人々がいうところの地震なのだという。

　さらに、ロキはまだ巨人族の仲間だったころ、妻との間に死の女神ヘル、大蛇ヨルムンガンド、魔狼フェンリルなどのまがまがしい子をもうけている。

　災いを恐れたオーディンはヘルを地底に投げ落とし、ヨルムンガンドを海底に沈め、フェンリルを鎖で縛りつけた。

　その結果、ヘルは死の国を治める女神となり、ヨルムンガンドは海底をぐるりと巻き込むほどの大蛇となった。ラグナロクと呼ばれる最終戦争のとき、巨人族を率いて神々に敵対したロキは、ヨルムンガンドやフェンリルらとともにアース神族と壮絶な戦いを繰り広げ、最後はヘイムダルと相打ちになって命を落とすのである。

ロキはラグナロクのとき、巨人族についた。

フレイア
Freya
多面的な顔をもつ愛の女神

ワルキューレのリーダーとしての側面ももつフレイア。

フレイアは、北欧神話では最も知られた女神のひとりである。ヴァン神族の出身で、海神ニョルズの娘にして、豊穣の神フレイと双子。美と愛の女神、また子宝や豊穣の神として、北欧ではどの神にも劣らず崇拝された。

英語の金曜日（Friday）は「フレイアの日」であり、今でも金曜日に好んで結婚式があげられるのは、それが愛の女神の日であるからだという。

彼女はヴァン神族とアース神族の戦いが終結した際、その和解にあたって、人質として父、兄とともにアスガルドに移り住み、神々の仲間入りをしたとされている。

愛の神である彼女は愛し合う恋人や夫婦の願いを喜んで聞き入れ、彼らが死ぬと自分の館に招いて、楽しい日々を送らせたという。

その一方「戦いのフレイア」と呼ばれるように勇ましいことも好きで、戦場で名誉の戦死を遂げた者がいると、鷹の羽衣をまとい、戦いの女神ワルキューレたちを率いて駆けつけた。そして、その半分を自分の館に運んだのである。ちなみに、残りの死者はオーディンが迎え入れた。というわけで、昔の北欧の女性たちは恋人や夫が戦場で死ぬと、一緒にフレイアの館に迎え入れられるのを願って、進んで敵の刃で命を落としたり、愛する人の屍を焼く薪の上に身を投げ出したりしたという。

また、彼女は強力な魔術を操ることでも知られ、オーディンに魔法を教えたのは、まさにこのフレイアだとされている。

フレイアはその美しさゆえに、巨人たちに狙われることも多かった。たとえば、アスガルドの城壁の建設を請け負った巨人が報酬として望んだのは、フレイアと太陽と月であった。また、巨人スリュムはトールの持つ最強のハンマーを盗んで、それと引き換えにフレイアを妻に所望したのである。

神々の国でのフレイアはオーズという神を夫とし、ふたりの女の子にも恵まれていた。

しかし旅に出た夫が行方不明になってしまう。彼女は2匹の猫が引く車に乗り、世界中を捜し歩く。そのときに流した涙は、岩にしみ込んで黄金となった。世界のいたるところで少しずつ黄金が見つかるのは、彼女が泣きながらさすらったせいだという。

一方でフレイアは自由奔放なところもあり、神々や人間の愛人をもっていた。とくにお気に入りだったのが、人間の男性オッタル。ときに彼を猪に変身させて、それに乗って移動することもあったという。また、彼女が誇りにしている美しい首飾りは、名匠である4人の小人族が作ったものだが、これを手に入れるために、小人のひとりずつと一夜をともにしたといわれる。そんな彼女の奔放さを、ロキがあげつらって嘲笑したことがあるほどだ。

しかし、フレイアが自然の豊かな産出力の女神であることを思えば、セクシャルな色彩が強いのも当然だろう。

愛の女神だけあって、フレイアの奔放さは群を抜いている。

バルドル
Balder
奸計に陥った美しい青年神

バルドルの遺骸を囲み、嘆き悲しむ神々。

主神オーディンと妻フリッグの息子バルドルを巡る悲劇は、北欧神話のなかで最も有名なものといえよう。

バルドルは輝くように美しく、また聡明で優しく、彼が行くところすべてに喜びと光が溢れた。バルドルは裁きの神でもあり、彼が住む館は罪ある者は一歩も足を踏み入れることができなかった。彼は神々にも人間にも深く愛されていたのだ。

あるとき、バルドルは無気味な夢にうなされるようになる。「彼の生命に危険が迫っているのではないか?」。神々はその危険を防ぐすべを相談し、母親は息子の命を傷つけないでほしいと、すべてのものに頼んだ。それゆえ人間はもとより、鳥や獣、木や金属、病気でさえも、決してバルドルに危害を加えないと神に約束したのである。

それ以来、バルドルの体は決して傷つかなくなった。喜んだ神々はあるゲームを思いついた。バルドルを中央に立たせ、四方からいろいろな武器を投げつけるのだ。それでもバルドルは傷ひとつ受けず、そこに立っている。パルドルの人気はますます高まった。

ところが、ひとり面白くない者がいた。根性曲がりで悪巧みに長けたロキである。彼は老婆に化けてフリッグに近づき、「ワルハラの広間に生えているヤドリギは、あまりに小さかったので、バルドルを傷つけないという誓いを立てさせていない」という情報を聞き出した。ロキはさっそくヤドリギを抜くと、神々の輪のなかに戻った。そして盲目の神ヘズルにそれを渡し、バルドルのほうへ投げるように勧める。ヤドリギはバルドルの胸を貫き、その命を奪った。

神々は悲嘆にくれた。バルドルの妻のナンナは、悲しみのあまり命を落とした。

愛する息子を失ったオーディンとフリッグの嘆きは大きく、彼らは神々に「冥府からバルドルを連れ戻してくれる者はいないか?」と懇願した。勇者ヘルモッドが、これに応えた。彼は冥府に降りると、死の国の女王ヘルに神々の願いを伝えた。ヘルは「地上のすべての者が、彼の死を悼んでいたら返してあげよう。ただしひとりでも悲しまない者がいたら返せない」という。

これを聞いた神々は世界中にバルドルのために泣くように訴えた。人も動物も金属も、この世のすべてが泣き出した。だが、ひとりの老婆だけが「バルドルが死んでも悲しくないね」と言い放ったのだ。このため、バルドルは死の国にとどまることになってしまった。この老婆こそ、ほかでもない、変装したロキであった。

神々はロキを捕らえ罰を受けさせた。

バルドルの死はロキの策略によるものだった。

バルドルの死によって光を失った世界は、やがてラグナロクを迎える。すべての神が死に絶え、世界は滅ぶ。やがて新しい大地が浮かんでくると、バルドルはヘズルとともに甦ってくるのである。新しい世界は、彼が創造したともいわれている。

ヘイムダル
Heimdall
角笛を吹きラグナロクを告げる見張り番

ヘイムダルは北欧神話の光の神であり、白い神とも呼ばれる。原初9人兄弟の巨人、9人の母から生まれたとされる。昼夜かかわらず、はるか彼方まで見通せる目をもち、また草の伸びる音や、羊の毛の伸びるわずかな音でさえも聞き取る鋭い耳を持っていた。さらに眠りを必要としなかったので、彼はアスガルドの見張り番の役目をするよう命じられた。

アスガルドに行くにはビフレストの橋を渡らねばならない。これは大地から天高くかかる7色の橋で、人間たちはそれを虹と呼んでいる。ヘイムダルはその橋のたもとにヒミンビョルグと呼ばれる館をもち、ここで常に不審者はいないか目をこらし、怪しい物音はしないか耳をすませていたのである。

それというのも、神々と人間たちに敵意をもつ巨人たちが、いつ攻め寄せてくるかわからないからだ。事があれば、彼は世界樹ユグドラシルの下に隠してある、ギャラルホルンと呼ばれる黄金の角笛を吹き鳴らす約束になっている。この角笛の音は並外れていて、世界の隅々まで響き渡るのだという。

巨人族の見張り番というほかには、目立ったエピソードもないヘイムダルは、性格や容姿などについては不明な点が多く、謎多き神といえよう。

判明しているところでは、彼はエッダ、アンマ、モージルの3人の女性との間に、それぞれ3人の

首飾りをフレイアに渡すヘイムダル。

ラグナロクが迫り、ヘイムダルは黄金の角笛を吹き立てた。

息子スレール、カルル、ヤルルをもうけたということ。この3人は人間の階級（奴隷、自由農民、貴族）の祖となったともいわれている。よって、人間のことを「ヘイムダルの子ら」ということもある。また、このことでヘイムダルは、人間の階級を作ったとされる北欧神話の神リーグと同一視されている。ほかには、グルトップという名の名馬を持っていたことくらいである。

やがて、見張り番ヘイムダルが、己の役目をまっとうするときがやってきた。

ラグナロクのそのとき、アスガルドのそばに広がる野原の先には、魔物たちを残らず従えた悪神ロキの姿が見えた。霜の巨人も炎の巨人も押し寄せてくるのが見えた。

ヘイムダルはもはや最後と、ギャラルホルンを手に取り、力の限り吹き立てた。神々は跳ね起きて戦闘準備をし、オーディンはミミールの泉に降りていき、賢者に助言を求めた。こうして神々と巨人たちの戦いの火蓋は切って落とされたのだ。

ラグナロクでは、ヘイムダルは悪神ロキと戦った。以前、まだロキが神々の国にいたころ、愛の女神フレイアの所有するブリーシンガメンの首飾りを盗んだことがあり、ヘイムダルはこれを取り返すべくロキを追跡し、激闘の末、すえに無事に取り戻したという逸話がある。このことが因縁になってか、世界の最後の戦いでは一騎打ちを演じ、相打ちになるのである。

結婚に失敗した優しい海神

ニョルズ

Njord

北欧神話では、神々にはふたつの系統があった。ひとつはオーディンを筆頭とするアース神族、もう一方がヴァン神族である。もともとこのふたつは敵対関係にあり、長期にわたる戦争をしていた。

しかし、双方の被害があまりにも甚大になったために、彼らは互いに神々を送り合って講和を結ぶことにした。このとき、ふたつの神族の橋渡しをし、調停したのがヴァン神族の王であるこのニョルズだったとされている。

ニョルズはフレイアとフレイの父で、豊穣と航海の神である。彼はふたりの子どもとともに、人質としてアース神族のもとにきた。

ニョルズの神話としては、巨人の娘スカディとの結婚が有名だ。

あるとき、神々が宴会を開いている席に、ひとりの女巨人が入ってきて、「父を殺された仇を討ちにきた」という。巨人スィアチの娘スカディだ。確かに神々はスィアチを焼き殺したが、それはさらわれた女神イドゥンと青春のリンゴ

心優しい航海の神ニョルズ。

を取り戻すためだった。しかし、悪神ロキの策略がからんでいたこともあり、神々は困りはてた。

　だが困りながらも、神々はこの凛々しい女巨人が気に入った。そこで、アース神族のひとりを夫にすることで、和解をもちかけた。

　スカディはこれを受けたが、男神の足だけを見て、夫を選ばねばならないと聞いて迷った。そして、迷ったすえに「夫に選ぶなら、神神のなかでもいちばん美しいバルドルにしたいものだ。彼ならたぶん足も美しいにちがいない」と考えた。ところが、彼女が足の美しさで選んだ神は、なんとニョルズだったのだ。

妻のスカディとニョルズ。

　ニョルズは花嫁を自分の館に連れていった。穏やかな海を治め、航海の守り手である彼の館は、海のすぐそばにある。スキーで山を駆けては猟を楽しんでいたスカディにとっては、あまりにのんびりした景色は退屈なだけだった。おまけに海鳥の鳴き声で起こされるのが苦痛でもあり、彼女は次第に元気を失っていったのである。

　優しいニョルズは心配して、スカディに9夜ずつお互いの故郷で暮らそうと提案し、まず花嫁の故郷に赴いた。山に戻ったスカディは元気を取り戻したが、今度は吹雪が吹きすさぶ音や狼の吠える声が恐ろしくて、ニョルズが参ってしまった。そして、わずか9夜暮らしただけで、海辺の館に帰ってしまったのだ。結局、この結婚は破綻したのである。

　ニョルズはとくに海の民に深く信仰されたが、北欧の各地には「ニョルズの神殿」「ニョルズの森」「ニョルズの耕地」を意味する地名が多く見られる。このことから、彼が多くの人々に崇拝されていたことは明らかである。

　平和を愛するニョルズは、世界の最終戦争であるラグナロクの戦いのときにも、たったひとり戦いには加わらず、ひっそりと元いたヴァン神族の世界に帰っていったのである。

宝剣を手放し角笛で戦った神
フレイ
Frey

　眉目秀麗な豊穣の神フレイは、ニョルズの子でフレイアの双子の兄である。本来はヴァン神族であったが、父や妹とともに人質としてアース神族の国にやってきて、妖精の国アルフヘイムに住み統治するようになる。

　フレイはひとりで戦う剣と、俊足の黄金の野猪、伸縮自在の魔法の船をもっていた。この船は普段は小さく折りたたまれているが、広げると神全員を乗せられるほど大きくなり、帆を上げればいつも追い風を受けて走るという宝物であった。

　だが、ひと目惚れした巨人の娘ゲルズを手に入れるため、召使スキールニルを巨人の国に遣わした彼は、その褒美として自分の宝剣を手放してしまう。そのため世界の終末には、炎の国の巨人を相手に鹿の角笛で戦うはめになる。最後は力およばず、激しい戦いのすえに、敵に倒されてしまうのである。

　なお、彼は巨根をもつ神として偶像が形作られ、子孫繁栄を願う人々の信仰の対象となった。また、フレイは別名をユングヴィといい、スウェーデンのユングリング王家の祖とされる。


宝剣を持ち、黄金の野猪を従えたフレイ。

オーディンの美しき妻フリッグ。

愛と豊穣を司る最高位の女神

フリッグ

Frigg

オーディンの妻であり、神々の国で最も位の高い女神がフリッグである。

普段は美しいフェンサリルの館に住んでいるが、オーディンが不在のときは、彼の兄弟であるヴィリやヴェーと通じていたといわれる。これはフリッグの不倫として、『デンマーク人事誌』にも語られている。

神々のなかでルーン文字の呪いを解くことができるのは、このフリッグだけだった。予言の力ももっていたが、それを決して口にすることはない。

彼女には、オーディンとの間に息子バルドルがいたが、ロキの奸計によって失っている。また、オーディンとフリッグにはそれぞれの養子の王子がいたが、オーディンの養子が自分の養子を殺したのに復讐するため、フリッグがオーディンと養子の仲を裂く話もある。

彼女は愛と結婚・豊穣を司ることで広く知られた女神で、その名は「愛された者」を意味し、金曜日(Friday)はその名残である。なお、フレイアも金曜日の由来とされており、両者の名や属性が似ていることから起きたものと考えられている。

ヘル
Hel

死者を統率する冥府の女王

冥府の女王ヘルは体の半分が青、もう半分が肉色をしている。これは、体の半分が生きていて、もう半分が死んでいるからだ。

そして、彼女の支配する死者の国もまた、ヘルと呼ばれている。ヘルはロキと巨人の女アングルボザの娘で、オーディンによって冥界に投げ込まれた。大蛇ヨルムンガンドや魔狼フェンリルは、彼女の兄弟にあたる。

死者の国ヘルは、地底深く霧に覆われた寒冷の地にある、大きな門と高い塀とを備えた館である。ここへは疾病や老衰で死んだ者や悪人の魂が送り込まれ、彼女はそれらの死者を支配している。

ヘルはまた、北欧神話のなかで唯一、死者を生者に戻すことができる人物である。神々でさえも死ねばすべてヘルの元に行き、彼女の下す裁定に従わなければならない。北欧神話に登場する神々は不老不死ではなく、女神イドゥンが管理している青春のリンゴを食べて若さを維持しているのだ。オーディンの息子バルドルが死んだときは、神々の使節・ヘルモッドがヘルを訪れ、生き返らせてほしいと願ってもいる。

使者ヘルモッド（左）とヘル。

ワルキューレ
Valkyr
戦場に倒れた勇者を導く乙女たち

鎧と兜で身を固め、槍（もしくは剣）と盾を持ち、天馬を駆って戦場を駆け抜ける凛々しい乙女たち。彼女らが捜すのは、勇猛果敢に戦うも刃に倒れた勇士だ。臆病者や弱い兵士の屍には見向きもしない。なぜなら戦死した雄々しい戦士を天上に導くのがその役目だからだ。彼女たちの名はワルキューレ。主神オーディンに仕える者である。

勇士たちはワルハラの宮殿に迎えられ、世界の終末での神々と巨人族の決戦に備えて日ごと武事に励む。訓練中に死んだとしても、次の日には元気に復活する。そんな勇士たちをもてなすのもワルキューレの役目だった。

白鳥に変身できることや、その個々の名前からすると、元来ワルキューレは戦いや死に関係する魔的な存在であったらしい。「英雄の前に現れる幻想的な恋人」というイメージを与えられたことから、守護霊との関係があるのかもしれない。それらからさらに発展して、オーディンの使者となったとも考えられる。ギリシア神話の勝利の女神ニケとも同一視される場合がある。

武装して戦場を駆けるワルキューレ。

ジークフリート
Siegfried
竜を倒し運命に翻弄されるゲルマンの英雄

ドイツに古くから伝わる国民的英雄叙事詩『ニーベルンゲンの歌』の主人公が、ジークフリートである。この叙事詩は、北欧神話に登場する英雄シグルズの物語と起源を同じくしている。

――ジークフリートはネーデルランド王ジークムントと王妃ジークリントの息子。幼いころから王宮を出て、武者修行の旅に出る。

旅の途中、ジークフリートはニーベルンゲン族を倒し、その財宝と魔法の隠れ蓑《みの》、名剣を得る。

さらに彼は悪竜を退治し、その勇名を上げた。しかもこのとき、ジークフリートは思わぬ幸運に恵まれた。竜の魔力のこもった血を浴び、全身が亀の甲羅のように硬くなり、どんな武器も受けつけない不死身の体となったのだ。ただし、背中に1枚の菩提樹《ぼだいじゅ》の葉が貼りついており、この部分だけが血を浴びられず、彼の唯一の弱点となってしまう。

旅に明け暮れるうちに成人したジークフリートは、ブルグント王グンテルの美しい妹クリームヒルトの噂を聞く。そして、彼女に求婚するため、さっそくブルグントを訪れた。王宮に滞在中、ジークフリートはたまたま起きた他国との戦争に参加し、多くの手柄を上げて、グンテル王に認められた。

彼はさらに、グンテル王とアイスランドの女王ブリュンヒルトと

竜殺しの英雄として名を馳せたジークフリート。

ジークフリート（左）と妻のクリームヒルト。

の結婚を、隠れ蓑などの宝物を用いた策略を弄《ろう》して手助けした。

こうしてグンテルの信頼を勝ち得た彼は、首尾よくクリームヒルトと結婚することができた。ジークフリートは花嫁とともにネーデルランドに帰国し、王位についた。

10年後、2組の王と王妃はブルグントの王宮で再会した。事件が起きたのは、このときである。

クリームヒルトとブリュンヒルトが、互いの夫自慢をしあったのだ。そして、クリームヒルトはブリュンヒルトがジークフリートの策略に引っかかって結婚したことを、公の場で暴露《ばくろ》してしまった。

これを聞いたブルグントの重臣ハーゲンは、王妃の恥というだけでなく、王室そのものも侮辱されたと感じ、その原因であるジークフリートに殺意を覚えた。彼は策を弄して、クリームヒルトから彼女の夫の弱点を聞き出した。そして、ジークフリートの背中に槍を投じ、その暗殺に成功したのだ。

夫を暗殺した犯人が、自分から情報を引き出したハーゲンであることを知ったクリームヒルトの怒りは凄まじく、固く復讐を誓う。

その後、ハーゲンはジークフリートがかつてニーベルンゲン族から奪った莫大な財宝を、クリームヒルトの手に渡らないよう、ライン川の底に沈めてしまった……。

実は『ニーベルンゲンの歌』はここまでが前半である。後半はジークフリートの妻クリームヒルトによる、壮絶な復讐物語となる。

英雄ジークフリートの悲劇的な生涯が、後世の人々の感性を刺激し、19世紀ドイツの作曲家ワグナーが、この物語などをヒントに、楽劇『ニーベルングの指輪』を書いたのはあまりにも有名である。

霜の巨人

Jotun

世界を破壊する神々の宿敵

やがてアース神族と戦うことになる霜の巨人。

霜の巨人は超人的な強さをもつ精霊の集団で、神々と敵対している。ラグナロクに巨人族がアスガルドを襲うという予言があるため、アース神族はふだんから彼らへの備えを怠らない。

とはいえ、緊張関係にあるわりには両者は交流も多く、結婚さえもしている。ニョルズとスカディ、フレイとゲルズなどのカップルがおり、主神のオーディンでさえ、グンロズと夜をともにしているのだが……。

霜の巨人には美しい者もいたが、多くはひとつ目だったり、頭が9つあったりと、醜悪で恐ろしい異形の怪物たちだった。知性が劣る者も多かった。巨人族には霜の巨人のほかに、ムスペルヘルムに住む炎の巨人、外海に住む海の巨人(ラグナロクには不参加)がいる。

霜の巨人は神々に敵意をもっていて、破壊的な力をふるったり、魔法で惑わしたりと、両者の間には争いが絶えなかった。そして予言どおりのラグナロクのそのとき、巨人たちは神々の国を襲う。大洪水が起こり、山や野は燃え上がり、神々は戦いに敗れて、世界は滅び去ってしまうのである。

第3章

エジプト神話の神々

太陽神信仰とオシリス神話

紀元前数千年の昔から紀元前後まで栄えた古代エジプトは、長大なナイル川の流域にあった。後にローマやアラブによって征服され滅亡したが、後世の人々は残されたピラミッドや神殿などの遺跡に関心を寄せ、古代エジプト人の生活に多大な興味を感じていた。

それらについての本格的な研究が始まったのは、19世紀初めにフランスのシャンポリオンが、いわゆる「ロゼッタ・ストーン」に刻まれた神聖文字の解読に成功してからのことだった。以降、パピルス文書などの解読へと研究は進んだのである。

エジプトには、ギリシア神話や北欧神話などのような、体系立って残された神話はない。彼らの信仰は、約3000年にもわたる長い間に、多くの神々が何度も変化を繰り返してきたため、とうていひとつにまとめきれるものではないのである。

それでも現在「エジプト神話」とくくる場合は、下エジプト（ナイル川下流）のヘリオポリスで信仰されていたヘリオポリス神話を指すことが多い。ヘリオポリスは現在のカイロの東北郊外にある古代都市で、その名は「太陽の都」を意味する。むろん、名前の示すとおり、信仰の中心は太陽神であるアテン（後に一時期を除き、単なる天体としての太陽に転落）やラー（後にアトゥムが習合）だ。

だが、これ以外にも

ファラオの墓の壁に描かれた死後の世界。左はオシリス。

エジプトでは各地に神殿が建てられ、それぞれ異なる神々が崇拝されていた。やがて彼らの多くは力を増したラーや、ナイル川上流の上エジプトにある後のエジプトの首都、テーベの地方神アメンと習合を望むようになった。そして、中・新王国時代には、このふたりが結合したアメン・ラーがエジプトの最高神となったのである。

　これらは、断片的に残された碑文やパピルス文書から明らかになったものだが、エジプトには強いていえば、ひとつだけ体系化された『オシリス神話』と呼ばれるものがある。ただし、これは1世紀ギリシアの歴史家プルタルコスによって紹介された、冥界の王オシリスとその一族をめぐる一連のエピソードで、ファラオ（王）の実際の権力にも密接にかかわってくる、ある意味、卑俗的《ひぞくてき》なものだ。

　「死者の書」と呼ばれるものもある。これは棺のなかにミイラとともに副葬品として入れられた文書で、神への賛歌、死後の復活に必要な教えなどが書かれている。これもまた、エジプトの神々について知る重要な手がかりである。

　また、エジプトの神神には頭部が動物になったものが多い。これは当時の人々が、動物たちを含めた自然を愛する民族だったことを物語っているといえよう。

天地を創造した神

アトゥム

Atum

古代エジプトにおける太陽神信仰は、下エジプトのヘリオポリスに始まる。信仰の対象は創造神アトゥム。アトゥムはカオスの沼のなかから浮かび上がって、丘の形になった。

　そして、ひとりで神々を生み出したのである。まず大気の神シュウを、次に湿気の女神テフヌトを生んだ。その後、シュウとテフヌトから大地の神ゲブと天空の女神ヌトが、さらに、ゲブとヌトからオシリスやイシスといった、エジプトの主要な神々が生まれ出たのである。

　やがて時代が下るにつれ、彼は太陽神のひとりケプリと同一視されていく。ケプリは甲虫のタマオシコガネを神格化したもの。タマオシコガネは獣糞を球状にして転がし、エサにしたり、産卵に使う。人々はこの甲虫が糞球を運ぶ様子を、太陽の運行になぞらえたのだ。

　さらにケプリには「自ら生まれた者」の意もあり、それも創造神アトゥムと同一視されたのかもしれない。

　アトゥムはまた、同じく太陽神のラーとも習合して「アトゥム・ラー」とも呼ばれる。

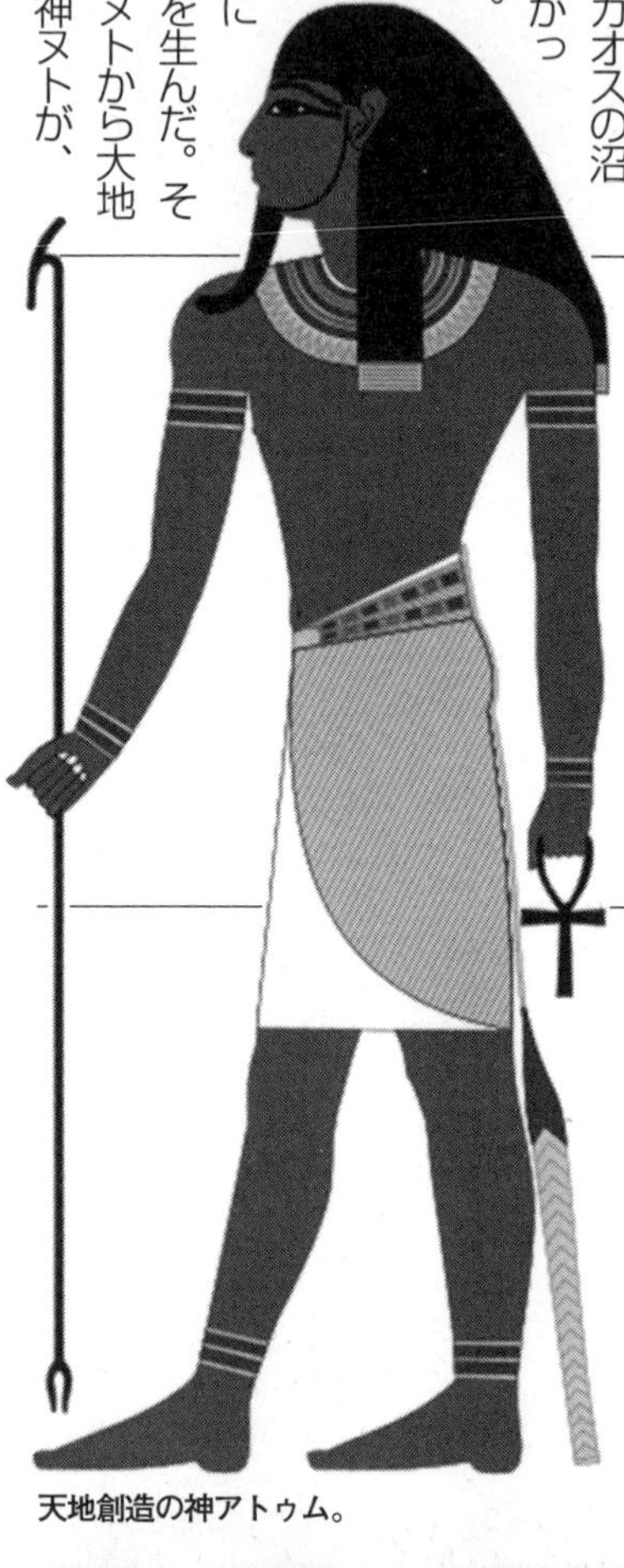

天地創造の神アトゥム。

光の円盤で表現された太陽神
アテン
Atem

太陽の円盤と、そこから放射される先端が手の形をした何本もの光線が、太陽神アテンだ。

アテン信仰は、中王国時代(紀元前2040〜前1782年ごろ)から確認されているが、唯一神として崇拝されたのは、新王国時代(紀元前1570〜前1070年ごろ)のファラオ(王)だったアメンホテプ4世の時代である。アメンホテプ4世は、大勢のエジプトの神々を統一し、アテンを唯一神とした。彼が従来の信仰を否定したのは、羊の頭のアメンや、その他、動物姿の神々に疑問を抱いたからだという。

さらにアメンホテプ4世は、アメンの名前が含まれていた自分の名前を、アクエン・アテン(イクナートンとも呼ばれる。アテンを喜ばせる者の意味)と改めた。

ちなみに、この古代エジプト史上、唯一の一神教の時代は、イクナートンの死とともに終わりを告げた。彼の後を継いでファラオとなった養子、トゥトゥト・アンク・アテンは、トゥト・アンク・アメン(すなわちツタンカーメン)と改名し、アメン信仰に戻ってしまったのである。

太陽神アテン。円盤と光条が実体だ。

太陽神と習合したエジプトの最高神

アメン

Amen

アトゥムが下エジプトのヘリオポリスで崇められた最古の創造神なら、エジプトの最高神たるアメン（アモンとも）はナイル上流の、上エジプトにある都市テーベ（現ルクソール）を中心に信仰が広がった神である。

その名は「見ることのできないもの」を意味し、創造神にして天空の神、大気の守護神であり、また豊穣の神でもあった。アメンの姿は通常、2枚の羽から作られた冠を身につけるか、または羊の頭を戴いた姿で表される。

アトゥムが独力で神々とこの世のすべてを創造したのに対し、アメンの神話世界では、彼を含む8人の神が協力してこの世を作った。

アメンはこのとき、他の7人の神とともに水の神ヌンをかき回して、万物を創造したという。8人のうち6人はその後、ほとんど姿を消したが、残りの2神、ヌンとアメンだけが他の神話体系のなかに継承されていく。

アメンは本来、テーベ周辺で崇拝されていたモントゥ（メンチュ）神を吸収したため、最初は単なる地方神だった。ところが中王国時代、テーベ付近の豪族がエジプトのファラオにのし上がったため、いちやく主神の座につくことになったのだ。

やがて、太陽神ラーと習合してアメン・ラーとなって以降、約1700年にわたり、彼は主神でありつづけた。戦争になると、彼はファラオに生命の息吹を吹き込んだ。この息吹を受けたファラオは、10万人の兵に匹敵する力を得たのである。

このように、ファラオの守護神

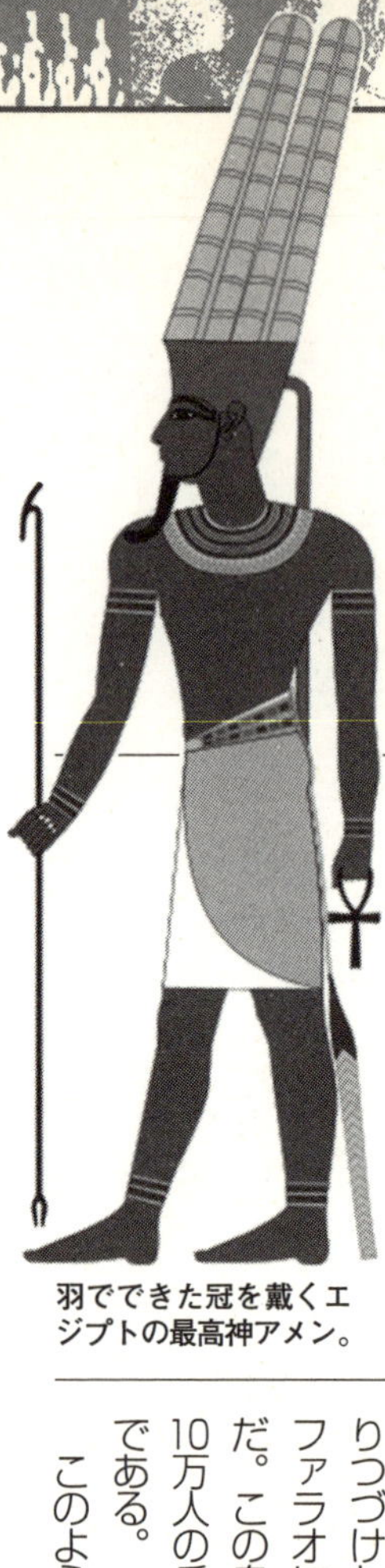

羽でできた冠を戴くエジプトの最高神アメン。

としてのアメン・ラーの力は強大だった。そして、やがてファラオ自身もこの最高神と同化して神格化されるようになる。中王国のアメン・エム・ハトや前述のツタンカーメンなど、多くのファラオの名前にアメンの名が入っているのはこのためだ。

　エジプトが繁栄を誇った新王国時代、アメン・ラーの勢力は最も拡大した。権力者から一般大衆にいたるまで、多くの人々の尊崇を集めたのである。当然ながら、彼に仕える神官たちの勢力は凄まじいものがあった。そのため神官たちは一時、国土の3分の1を支配するほどの権力と財力を誇った。

　そして新王国末期には、彼らは勝手に独立国家「アメン大司祭国家」なるものを作ってしまうのだ。

とはいえ歴代王朝は、この奇妙な国と姻戚関係を結ぶなど、おおむね平穏な関係を築いたという。

　大司祭国家は後に王朝の支配下に入ったが、神官たちの勢力はさして衰えなかった。人々のアメン信仰がそれほど強かったということだろう。

カルナック神殿のアメン像。

アメンは、エジプト最大の神殿であるカルナック神殿に祀られており、有名な大列柱室などに見られる壁画に、その姿が残されている。また、世界遺産の第1号として有名なアブシンベル神殿の至誠所にも、建設者のラムセス2世とともに、彫像が安置されている。

ラー
Ra

多くの神と習合した古来の太陽神

下エジプトのヘリオポリスで尊崇された、エジプト古来の太陽神。名前はそのまま「太陽」の意。通常は、頭上に太陽を象徴する円盤をのせたハヤブサの頭をもつ姿で描かれる。

朝に東から昇り、夕べに西に沈んでいくことから、1日のうちに死と再生を繰り返す不死の存在でもある。また、太陽が昇り、かつ沈むことから、ラー自体も変形すると考えられ、日の出のときはタマオシコガネ姿のケプリとして出現し、昼はハヤブサとなって空を飛び、夜は羊の姿でアメンとして夜の船に乗り、死の世界を訪れるとされている

当時のエジプト人の死生観に強い影響力をもち、墓の副葬品である死者の書などには、ラーの援助を願う祈りが大量に登場する。

ラーはやがて、原初の創造神アトゥムと同一視されるようになった。彼はヌンと呼ばれるカオスの沼から生まれた。

ヌンのイメージは、氾濫期にあるナイル川だといわれている。

誕生直後のラーは、石の尖塔オベリスクの先端に居を定めた。ちなみに、このオベリスクも、四角錐で先端を太陽に向けるピラミッドも、すべては古代エジプト人の太陽信仰、すなわちラー信仰の表れである。

こんな伝承がある。アトゥム・

頭上に巨大な日輪を載せたラー。

ラーをかたどったツタンカーメンの装飾品。

ラーの最初の子、シュウとテフヌトが旅に出て行方不明となった。そこへふたりが帰ってきたので、ラーがうれし涙を流すと、その涙から最初の人間が生まれたという。

だが、ラーへの太陽信仰は、ピラミッド建造が最高潮に達した古王国（紀元前2680〜前2185年ごろ）第4王朝以降、衰退していく。そして、中王国以降になると、テーベを中心に信仰を集めた新たな神アメンが登場してくるのである。

アメン・ラーとなったラーの隆盛は、アメンの項で述べた。しかも、他の地方の神々もこぞってラーとの習合を望んだ。そのため、エジプトにはラーの名をもつ神が増殖したのである。

なお、別の伝承では、ラーは年をとって意地悪な神となった。彼の意地悪は不信心な人間に向けられた。あるときラーは、自らの左目から生まれた女神セクメトを地上に送る。彼女は獅子の頭をした残虐な女神で、ラーは彼女を送り込むことで、人間たちを困らせようと思ったのだ。

ところがセクメトは人々を殺しつづけ、ラーは後悔した。だが、もはや血に飢えた彼女を止めることはできない。そこでラーは、彼女が寝ている間にビールを作った。目覚めたセクメトはそれを飲んで酔い、ようやく人間を殺すという目的を忘れたのだった。

その後、ラーは人間に愛想をつかし、天上高くに逃げようとした。そのときラーの体を支えていた天空の女神ヌトが高さのあまり目がくらんだので、大気の神シュウがヌトの下に入ってその体を支えた。さらにそれを、ヌトの兄弟である大地の神ゲブが支えた。この結果、太陽、空、大気、地の位置が定まったのだという。

オシリス
Osiris
復活・再生の神にして死者の守護神

オリエントなどからの外来の神と考えられるオシリスは、もともと農業の神だった。だが、エジプトの中心的な神々のひとりとなってからは、死者の守護神としての役割が、最も重要となる。その名はギリシア語で、古代エジプト語ではウシュ・イルだ。

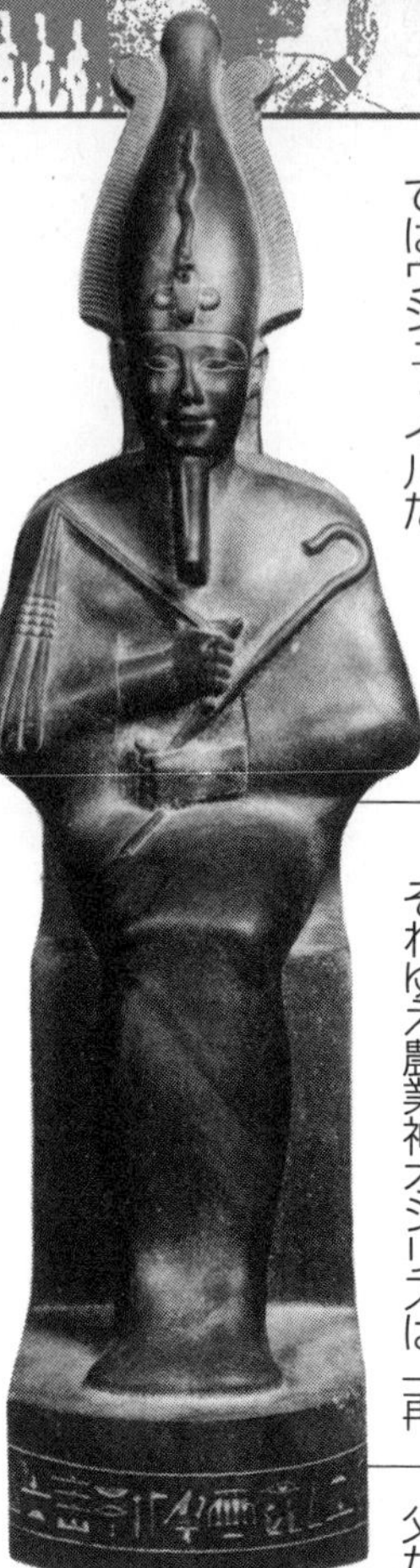
復活したオシリスは冥界の神となった。

農業神としてのオシリスは、彼を信仰する人々とともに、まだ初歩的な農業技術しかもっていなかった王朝時代以前のエジプトに、最先端の農業技術を持ちこんだのだろう。

　とくにナイルの氾濫を正確に予知して、毎年それに合わせた農業計画を立てられる高度な技術は、人間の逃れられない運命＝死をも克服できると信じられたのかもしれない。

　それゆえ農業神オシリスは「再生」と「復活」を司り、「冥界の王」としても崇められるようになったのである。冥界ではオシリスは、死者の魂を計る裁判官だ。そして、正しい者の魂には、死後も永遠の生命を約束するのである。

　なお、オシリスが「農業」と「冥界」という、この異質と思えるふたつの世界を司る神となった理由は、次に紹介する神話で明らかになっている。

　大地の神ゲブと天空の女神ヌトの間に生まれた息子オシリスは、父からエジプトの王位を継承し、妹のイシスと結婚した。彼は農業神として人々に小麦の栽培やパン、ワインなどの作り方を教え、一方で法律を制定して広めるなど、善政を敷いた。エジプトのみならず、諸外国にまで自分の技術を伝え、その名声は高まる一方だった。

　ところが、オシリスの弟セトはそんな彼をねたみ、虎視眈々《こしたんたん》とエジプトの王座を狙っていた。そして機会を捉え、兄を謀殺したのだ。オシリスの遺体はバラバラにされ、ナイル川に投げ込まれた。だが、妻イシスは14の破片となった夫の遺体をすべて拾い集め、ミイラの姿に復元したのである。

　復活したオシリスはこれ以降、冥界の王として君臨することになった。そして、セトに奪われた王座を、イシスと息子ホルスを後見する形で奪還した。こうして現世はホルス、冥界はオシリスが統治することになったのである。

——なお、この神話はエジプト伝来のものではなく、西暦1世紀ごろのギリシアの哲学者プルタルコス著『イシスとオシリスについて』による。

　ところでオシリスはふつう、権力の象徴である王冠をかぶり、手に杖と鞭を持った姿で表される。また、多くが復活したときを表す、白い包帯を体に巻かれたミイラの姿だが、農業神として、大地を表す黒か緑の衣を身につけている場合もある。

　なお、オシリスとイシスの夫婦は兄妹ということで、一見、近親相姦のように思える。しかし、古代エジプトの王家では王位継承のとき王子と王女がいれば、兄妹、もしくは姉弟で、形式的に結婚する習慣がある。後世の女王、かのクレオパトラも、当初は弟と結婚していたのだ。

ミイラの姿に復元されるオシリス。

玉座の冠を戴いたイシス。

イシス

Isis

母なるものすべてを司る豊饒の女神

　ギリシア神話に、ゼウスによって牝牛に変えられたイオ（女神ヘラに仕えた巫女）が、ヘラのさしむけたアブに追いかけられて、イオニア海（地中海中部）を泳ぎ渡り、エジプトにたどり着いてイシスになった、というエピソードがある。

　これからもわかるように、どうやらイシスはエジプト起源の神ではなく、ナイル川下流のデルタ地帯に住んでいた、オリエント系の人々が崇めた神だったらしい。「イシス」という名すらギリシア語で、エジプトの言葉ではなかったのだ。

　だが、イシス（エジプト名アセト）はやがて、大地の神ゲブと天空の女神ヌトの娘として、ヘリオポリスにおけるエジプトの神の列に加えられた。そして、兄のオシリスと結婚してホルスを生み、全エジプトを統べる母なる女神となったのである。

　イシスに対する信仰の根拠は、主に前述のオシリス復活神話における彼女の役割に基づいたものである。それは魔法の力によって死んだ者を呼び戻し、再び命を与えるというものだ。また、ナイル川の氾濫によって、いったん生命をすべて失った大地を再生させるという地母神の役割もあった。

イシス信仰はエジプトのみにとどまらず、オリエント世界全体に広がっていく。そしてその信仰は、プトレマイオス朝を通じて共和制末期のローマに持ち込まれ、帝政になって以降は広大なローマの領土のほぼ全域で崇拝された。

イシスはおそらく古代エジプトの神々のなかで、最も広い範囲で尊崇された神だったのではないだろうか？

ちなみに、イシスが息子ホルスに授乳する様子が、「幼児イエスを抱くマリア」のイメージにつながり、聖母マリア信仰のもととなったともいわれている。さらに、オシリスの復活にまつわる彼女の魔術的な力から、フリーメーソンなどら後の神秘思想にも影響を与えたといわれている。

かつてエジプトのサイス市に巨大なイシス神殿があった。その神殿の碑文には、彼女の次のような神秘的な言葉が刻まれている。これは真理の本質を表すものとして、後世のヨーロッパでも好んで引用された。

「われイシスはかつてありしもの、あるもの、あるであろうもののすべてである。いかなる人間もわれを明らかにすることはできない」

なお、他の神話ではイシスはラーの娘ということになっており、魔術の力を用いて、父であるラーから支配権を強奪したというエピソードも残っている。

イシスは玉座の冠をかぶり、片手にアンク十字、もう一方の手は生殖の象徴として自らの乳房を抱いた姿で表されることが多い。後には、トビの頭や牝牛の頭、あるいは牝牛の角をつけた姿も見られ、豊穣の神として農業に深いかかわりがある三日月や、穀物の穂を持っていることもある。

牡牛の角をかたどった冠をつけたイシス。

オシリスとイシスの息子にして天空の王

ホルス

Horus

　再生を司り、大地を治める神でありながら、太陽神ラーの化身として、天空の世界の覇権をも握るホルス……。彼の名もまた、両親と同様にギリシア語であり、古代エジプト語では「ヘル（またはハル）で遠くにある者の意」という。その名のごとく、ホルスは砂漠の上空を高く、どこまでも遠く、悠々と滑走するハヤブサの姿、またはハヤブサの頭をもった姿で表される。ときにそれは太陽円盤を載せていたりもする。

　そもそもハヤブサというのは、上エジプトの蛇に対し、下エジプトのファラオの象徴である。その証拠に、ホルスの原形のひとつである「ハロエリス」というハヤブサの神は、太陽と月を目にもつすごい神だった。この目は「ウジャトの目」と呼ばれ、すべてのものを見通すといわれる。

　また、同じくホルスの原形のひとつ「ホルス・ベフデティ」は、戦闘において王とともに戦い、勝利をもたらす神である。

　そして、下エジプトに栄えた古王国第1王朝時代から、ホルスはすでにファラオの化身であった。

　しかし、上下エジプトが統一され、強大な権力をもつファラオが全エジプトに支配権をもつように

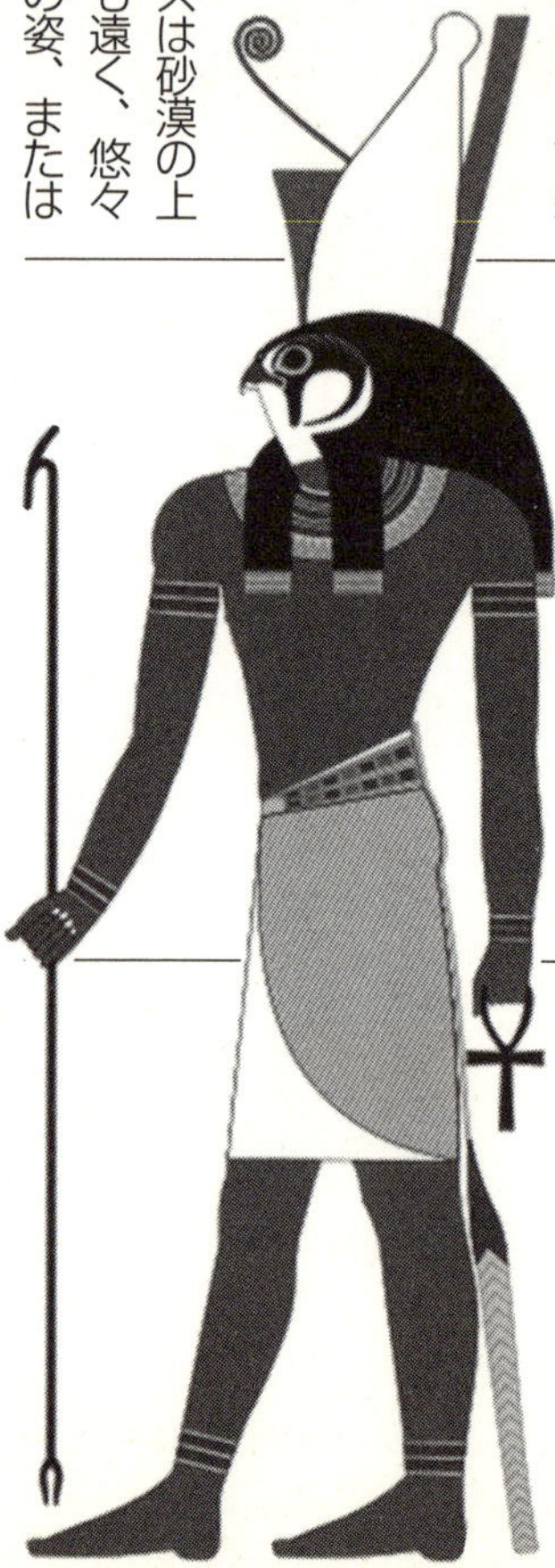

上下エジプト統一の象徴であるホルス。

なってくると、どうもハヤブサの神だけでは物足らなくなってきたらしい。

そのころのファラオの王冠には、上下エジプト統一を記念して、ハヤブサと蛇の両方が飾られていた。

そこでホルスもランクアップさせる……ということで、彼は「ラー・ホルアクティ」として、太陽に巻きついた蛇を頭に載せた姿で描かれたりするようにもなった。さらにここまで来ると、ホルスは太陽神ラーの同一形であるケプリと一緒になったり、創造神アトゥムのすべてを見通す目まで同じ画面に描き込まれたり……ということが、平気で行われるようになったのだ。

エドゥフ神殿に設置された、ハヤブサ姿のホルス像。

ところで、ホルスのもうひとつの顔といえば、なんといってもオシリスとイシスの息子ということである。ホルスはオシリスの死んだ後、イシスが自らの魔法によってひとりで妊娠し、生まれた。だが、父を陰謀に陥れて殺害した叔父セトに対抗して、母と協力して大活躍することになるのである。無事に父の復讐が終わった後も、ホルスはオシリスと親密な関係を保ち、冥界で父の法廷の手助けをするようになる。

なお、この神話は『ホルスとセトの争い』というパピルス文書でも伝えられており、古くからエジプトでよく知られたものであったことがわかる。

また、ホルスの妻はハトホルで、ふたりの間には4人の子がいる。彼らはいずれも死者の内臓の保護者といわれている。

ホルスはまた、エジプト航空のシンボルであり、航空機の垂直尾翼やエンジン部には旅行の安全を願って、その頭部が描かれている。

呪文と書記を司る知恵の神

トート

Thoth

原初の卵から生まれたといわれるトートは、しばしば人の体にトキの頭、頭上に月と円盤を載せ、手に文字を書くための板と椰子の枝を手にした姿で描かれる。また、古い時代に習合した神ヘジュウルの姿であるヒヒの姿をとる場合もある。

トートは知恵と魔法を司り、書記と学芸の神でもある。古代エジプト人が、知恵や魂が宿る場所が脳ではなく心臓だと考えていたため、「ラーの心臓」などとも呼ばれたという。

知恵と魔法の根源のパワーである月の力を制御していたことから、彼は月が支配する時間帯をも操ることができた。

知恵の神らしく、トートの発明したものは数多い。ヒエログリフ（神聖文字）や数学、天文学もそのひとつだが、月とのかかわりが大きいことから、暦づくりにも関係していた。

なお、彼の名もまたギリシア語で、古代エジプトではジェフティと呼ばれている。

紀元前5世紀、ギリシアの歴史家ヘロドトスが著した『歴史』では、ギリシアの知恵の女神アテナと同一視され、エジプトで最も尊敬を集める神とされている。多くの人々の信仰を得た神のため、その神話もまた数多く、なかには彼を創造神とするものもある。

魔法に長けたトートは、直接に

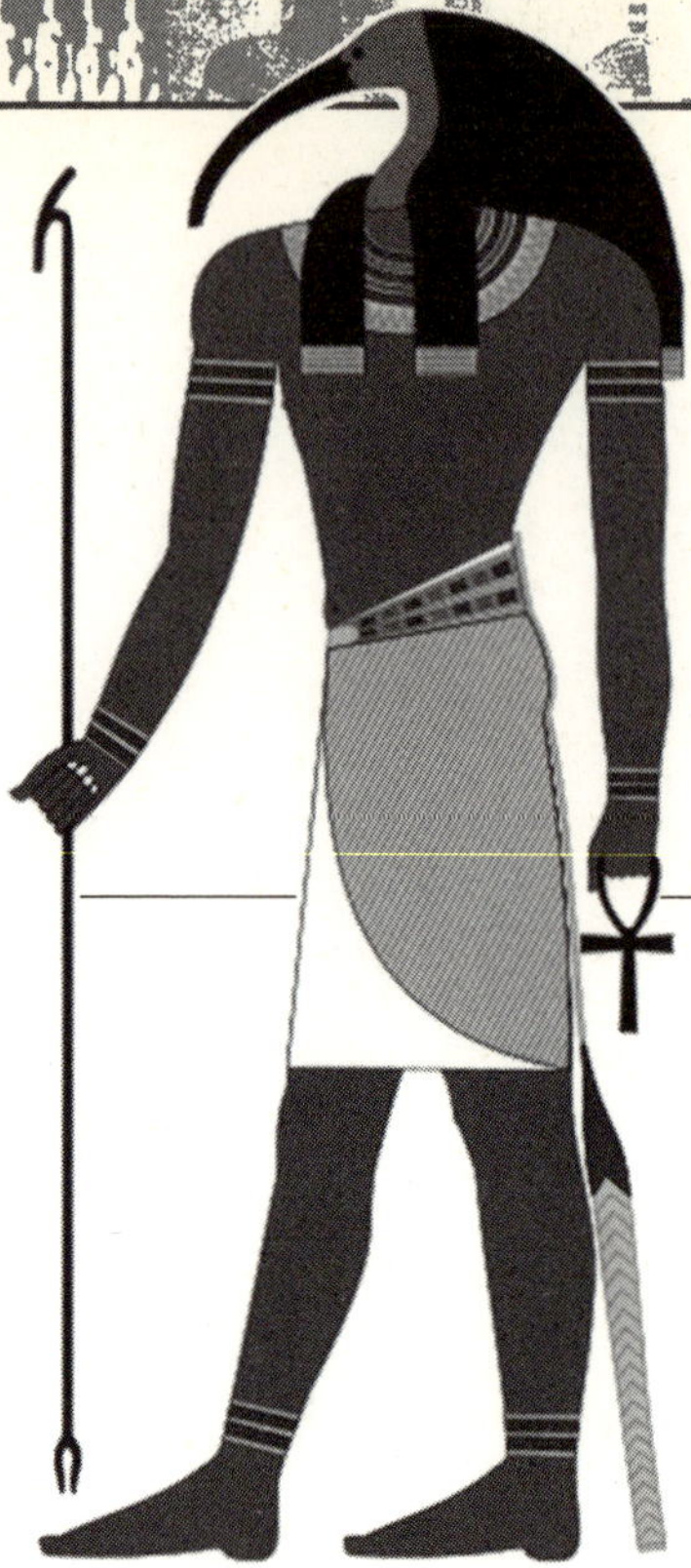

トキの頭をもった知恵と魔法の神トート。

は権力やパワーとはかかわりをもたないが、戦争に明け暮れるファラオや神々を助け、呪文で敵を倒すこともあったらしい。死んだオシリスを甦らせるための魔法をイシスに教えたのもトートであり、彼らの息子ホルスが宿敵セトに目を傷つけられた折に、呪文の力で視力を取り戻させたのもまたトートである。

終始一貫してオシリスの味方についていたトートは、冥界でもやはりオシリスの知恵袋の役を果たしていた。オシリスの法廷の書記役として、人間の魂における罪の計測結果を、几帳面に台帳に書き込んでいるのだ。

こんなトートの活躍は、エジプトにとどまらず、後に地中海世界、さらに後世のヨーロッパ全体にまで広がっていくことになる。なお、前述のアテナだけではない。トートはまた、同じギリシアの伝令の神ヘルメスとも同一視された。どうやらトートが文字の発明者であり、神々の書記であったため、神神の伝令を務めていたヘルメスと結びつけられたもののようだ。

やがてこれが発展して、伝説の神人であり錬金術師であるヘルメス・トリスメギストスを生んだ。これは、偉大なトートとヘルメスが融合し、さらにふたりの威光を継ぐ人物である錬金術師ヘルメスが同一視されて生まれたもので、名前の意味は「3重に偉大なヘルメス」である。

さらに、彼にあやかって、世界の神秘を知りつくそうという思想を「ヘルメス思想」という。ちなみに、ヘルメス思想ではエジプトの叡智《えいち》はタロットに残されたと考えられたため、タロットを「トートの書」と呼ぶこともある。

トートはヒヒの姿をとることもある。

人間の死期をも予言する冥界の神

アヌビス
Anubis

古代エジプト人にとって、砂漠に棲むジャッカルは、きわめて身近な存在だった。身近といっても、もちろん楽しい存在ではない。鋭い牙で生肉を引き裂き、地底から漂ってくるような無気味な声を、砂漠に響かせる……。そんなジャッカルの頭をもつ神のアヌビスが、死後の世界と結びついたのは、決して不思議なことではないだろう。

アヌビスは比較的古くから崇拝されてきた死者の神である。ときに死に神と混同されることも少なくないが、れっきとした死者の守護神だ。

他のエジプトの神々と同様、その名はギリシア語であり、古代エジプト語ではインプゥという。多くはジャッカルの頭部をもつか、またはジャッカルそのものの姿で表された。

ただし一説によると、それはジャッカルに似てはいるが、現在は絶滅した他のイヌ科の動物か、まったく架空の動物の可能性もあるという。

アヌビスの母はセトの妻で、やはり死者とかかわりが深いといわれる女神ネフティス。だが、父はセトではない。セトの兄オシリスとの一夜の過ちでできてしまったのがアヌビスなのだ。ネフティスはもちろん、夫のセトがオシリスを敵視していることは知っていたので、誕生直後のアヌビスを、あわてて葦の茂みに隠したという。

ジャッカルの頭部をもつアヌビス。

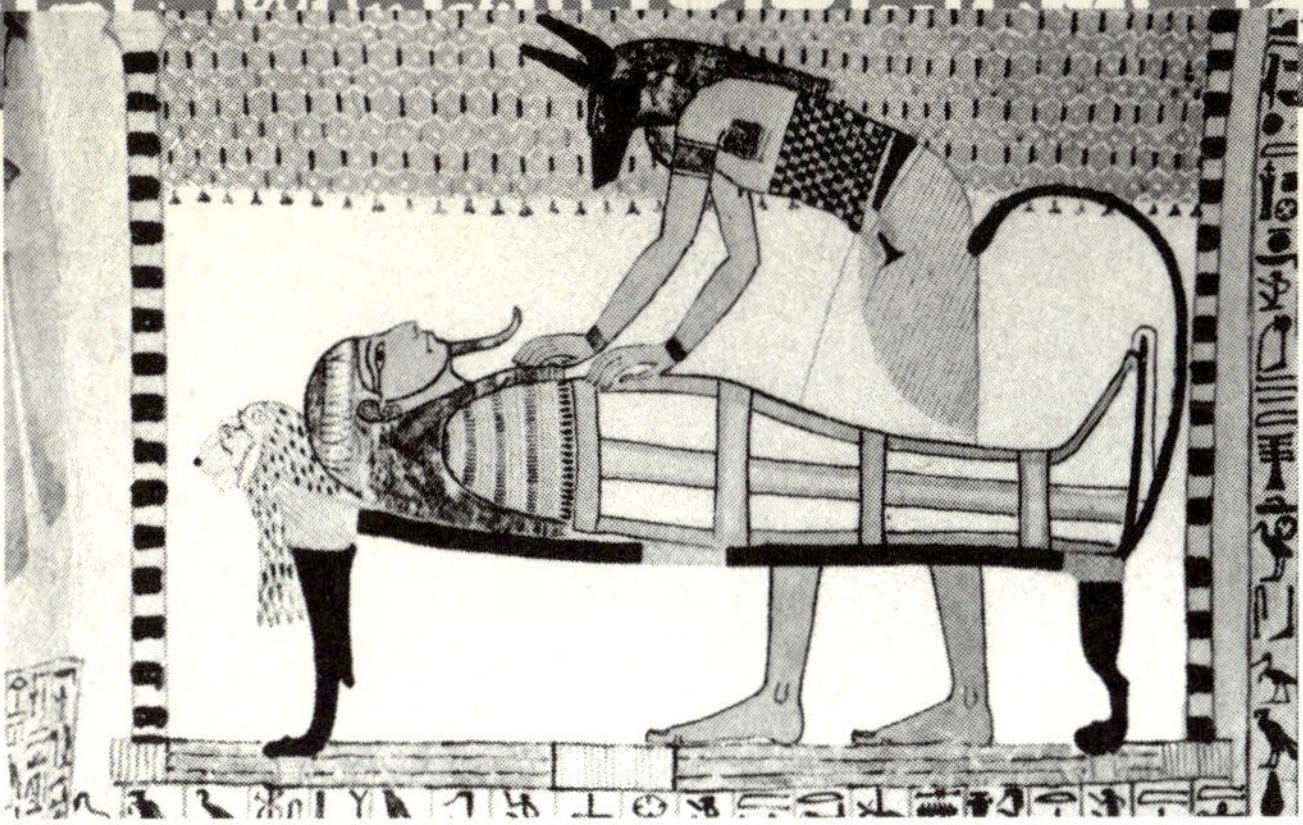

ミイラ作りをするアヌビス。

このためもあってか、セトとホルスの戦いにおいて、アヌビスは一貫してホルスの側についた。

冥界の神であるアヌビスは、セトの奸計によって殺された父オシリスの遺体を、イシスの指示でミイラにすることになった。このオシリスのミイラが、古代エジプトにおける第1号のミイラである。それ以来、人々はオシリスにあやかり、死後の自らの体をミイラにすることが当たり前になっていったのだ。

そして、人間たちのミイラ作りを監督するのも、アヌビスの役目となった。その過程で、ミイラが腐らないようにタールを塗るなどして防腐処理をするのだが、このとき遺体がタールで真っ黒になるのと関連して、アヌビスの顔も黒いのだという。実際にミイラを作ったり祀ったりする職人や神官は、これらの儀式のとき、アヌビスの仮面をかぶったらしい。

遺体から内臓を抜くなど、ミイラ作りの一連の作業に関連して、アヌビスはやがて医学の神とも称されるようになった。

さて、彼の監督の下で完成したミイラが墓に運び込まれると、アヌビスはその腹を食いちぎる。魂「バー」を解放し、冥界に案内するためだ。冥界に着くと、アヌビスは王オシリスのよき補佐役となる。トートとともに死者の罪を測る天秤の番もした。この作業をするアヌビスの姿は、ピラミッド内の壁画などにも残されている。

このように、アヌビスは死者にとってきわめて重要な神であった。そのため、墓には必ずジャッカル姿のアヌビスが描かれたのである。

セト
Set
不吉な赤に彩られた嵐の神

赤い髪に赤い目、古代エジプト人が忌み嫌った不吉な色である赤を身にまとい、母ヌトの子宮から自分自身を引きちぎり、脇腹を破って生まれ出てきたのがセトだといわれる。嵐の神とされ、砂漠に砂嵐を巻きおこすのも、セトの仕業という。

この好戦的な神は、オシリス信仰を中心とした神話のなかでは、徹底的に悪者として扱われている。口先が細長いその頭部は、ツチブタ、河馬、ワニ、蛇のいずれにも似て醜い。

これほどまでにセトが嫌われた理由は、一説にはその出自にあるといわれる。

豊穣と復活のオシリス信仰が、下エジプトの肥沃なデルタ地帯経由で、東方の小アジアから輸入されたのに対し、もともとセトを信仰していた上エジプトの人々は、砂漠を通って、リビア経由でやってきたとされる。

農業を軸に、下エジプトがどんどん豊かになっていくのに比べ、いくら技術が進んだとはいえ、もともと農業に適した土地も少なく、気候が厳しい上エジプトの神であるセトは、どんどん影響力が低下していったというのだ。

しかし、いかに生まれ方が強烈でも、セトはオシリスと同様、原初の神ゲブの正当な息子だ。彼がオシリス信仰のなかに埋もれきっ

オシリス神話の悪役であるセト。

てしまうことはなかったのである。

結局、こうした下エジプトと上エジプトの力関係が、セトを悪役とした象徴的なオシリス神話を生み出したことは間違いないだろう。

では、セトは本当のところ、どんな神だったのだろうか?

父であるゲブから末弟セトは上エジプト、長兄オシリスは下エジプトを譲られた。肥沃な下エジプトを得た兄をセトはねたんだ。

そして、王位と領土を奪うため、セトはオシリスを策略にかけ、殺してしまうのだ。セトが生まれるときに産道を通らず、母の子宮から直接生まれたというのも、とにかくオシリスより先に生まれて、長男としての権利を主張するつもりだったからという。結局、それはかなわなかったのだが……。

だが、80年におよぶオシリスの息子ホルスとの王座をめぐる戦いのすえ、セトは敗れ去った。そして、上下エジプトの支配権は、ホルスの手に渡ってしまう。

セトに与えられたのは、不毛の砂漠や外洋、すなわち異民族の地だったのである。

とはいえ、セトは一方的に悪役ばかり演じたわけではなさそうだ。砂漠を渡る商人たちは、彼を守護神として崇めたし、一時期エジプトを支配したアジア系のヒクソス人たちの崇拝の対象ともなった。後にはセトは、彼らの神バアルと同一視されるようになった。

さらにセティ1世など、セトの名を冠したファラオも現れているのである。

ちなみに、セトもやはりギリシア名で、古代エジプト名はセウテクという。

線画のようなこのセトは、トトメス3世の墓所に描かれている。

上からヌト、シュウ、ゲブ。

「天」と「地」と「大気」の神

ヌト、ゲブ、シュウ

Nut, Geb, Syu

その昔、天空の女神ヌトと大地の神ゲブの双子の兄妹は、固い愛で結ばれていて、ぴったりと抱き合って離れなかった。これをねたんだラーは、大気の神シュウを遣わして、ふたりを引き離した。それでようやく天と地が分かれて間に空間ができて、人間が住めるようになったという。

空、空気、地の位置がこうして定まったわけだが、ラーの項で紹介したものと少々異なるのが興味深い。

この3人は、よくセットで描かれる。下に横たわるゲブには、緑の模様が入っていて、大地に育つ植物を表している。ゲブの上にアーチ形にかぶさるのは天の女神ヌト。彼女の体そのものが空だから、太陽や月、星々も体内に宿している。最高神ラーでさえ、夜になるとヌトに呑み込まれて、朝には吐き出される運命にあった。ただ。ヌトにとってラーを吐き出すのは大変な苦痛で、彼女が流す血のために、朝の空が暁に染まるという。

なお、シュウは大気の神。創造神アトゥムの子で、ヌトとゲブの父である。彼はゲブの上に立ち、ヌトを支えるという。

限りない母性愛の神
ハトホル
Hathor

ハトホルは、オシリスとイシスの息子ホルスの妻である。しかし、夫を取り戻すために果敢に戦う義母イシスとは対照的に、オシリス神話のなかで、ハトホルはたいした働きをしていない。ひたすら夫の無事を祈って家を守る、武士の妻のような存在なのである。

だが、それゆえ彼女は、ごく普通のエジプトの女性たちに愛された。安産、母性、子孫繁栄、愛、喜びなど、女性のもつ美徳のすべての守護神とされたハトホルは、熱心な信者たちに、惜しみなく加護を与えた。ハトホルに魅了されたファラオの王妃たちもまた、自分を彼女の分身になぞらえ、こぞってハトホル神殿を建てた。

さらに、冥界の神オシリスへの信仰が強くなっていくと、ハトホルは冥界にやってきて人間の魂の世話をしてくれるとも考えられた。死者たちはハトホルの腕に抱かれ、乳を飲みながら、安らかに復活までの時間を過ごせたのだ。なお、彼女はギリシア神話のアフロディテとしばしば同一視された。

ハトホルは頭部が牡牛か、または牛の角が生えた姿で表されることが多い。

女性の美徳を体現した女神ハトホル。

ムト
Mut
アメン・ラーの妻、すべての神の母

　ハゲワシの女神ムトは、テーベの守護神であったが、アメン・ラーが最高神になるのと並行して最高の女神となり、彼の妃となる。

　そして、ホルスやアメン・ラーがファラオと同一視されたのと同じく、ムトもまた歴代のファラオの王妃と一体化したのだった。ただし、アメン・ラーには当初、アマウネトという妻がいて、ムトはそれを押しのけて、妻の座を獲得したらしい。


　新王国時代に、毎年テーベで行われたアメン・ラーとムトの結婚の儀式は、かなり盛大なものだったようだ。カルナックのアメン神殿から生まれたアメン・ラーを擁した大船団が、テーベのムト神殿までナイル川を進み、そこでアメン・ラーの託宣が下ったという。

　ムトは、アメン・ラーがエジプトの主神となった後は、国家の母としても祀られた。

　普通は、ハゲワシの頭飾りに白い冠、もしくは二重冠を載せた姿で表される。また、彼女の護符には、イシスと同様に、イスに座って子どもに乳を飲ませている女性の絵柄が多く、イシスの護符と区別がつきにくい。

ルクソール美術館に安置されたムトの像。

家庭を守護した猫の女神

バステト

Bastet

猫の頭部をもつことで知られるバステトは、豊穣の女神である。もともとは下エジプト、デルタ地帯にあるブバスティスの守護神だった。当時、ブバスティスの町で繰り広げられる彼女の祭りは、かなり盛大なものだったらしく、古代ギリシアの歴史家ヘロドトスが、その著書のなかでくわしく書き記しているほどだ。

バステトは母性愛が強い女神であったため、多産の女神としても崇められた。

その反面、獅子の頭部となって魔物と戦う勇敢な面ももっていたため、いつしか家を守護する女神として、多くの都市の人々に崇拝されるようになった。

そのためエジプトでは、彼女の聖獣ともいえる牝猫を敬う気風が生まれ、家族と一緒に同じ食器で食事をする風習も広まった。そして、牝猫が死ぬとミイラにして、儀式の後に埋葬したという。

その証拠に、前述のブバスティス近郊で猫の埋葬地が発見され、多くの猫の彫像やミイラが発見されている。

後にバステトは、イシス、ハトホル、原初の神アトゥムの娘テフネトなどと習合した。

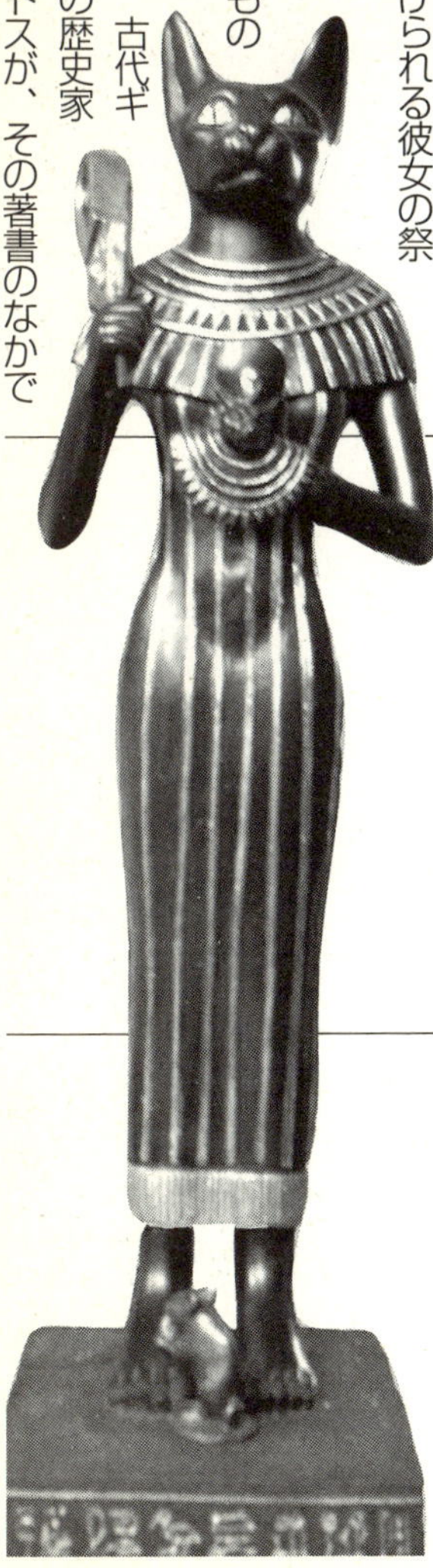

家の守護神バステトの像。

プタハ
Putaha
言葉で万物と神々を創造した神

「初めに言葉ありき」で始まる『新約聖書』のなかの「ヨハネ福音書」の冒頭部分は、読者もよくご存じだろう。このように、言葉によって世界が創造されたという信仰は、ヘレニズム以前から、地中海の沿岸諸国にあった。

　古王国時代に首都があったメンフィスにおける最高神プタハが、この言葉の神だった。彼は言葉を発することによって万物を、そして他の神々を創造したのである。それらの神々はプタハの体内にとどまって、ホルスはプタハの心臓に、トートは舌になり、さらにこの2神が合体して、アトゥムになったという。

　このかなり観念的な神プタハは、後世、さまざまな神々が台頭してくるのにしたがって、地位が低下していくが、それでも頭をそり、髭をたくわえ、老人の杖のような長い棒を持ったミイラ姿の異形の神は、エジプト神話にとどまったのである。

　なお、古王国第４王朝時代に、ジョセル王による史上初の階段ピラミッドが造られているが、設計者である当時の宰相イムホテプは、死後プタハと習合して神とされている。

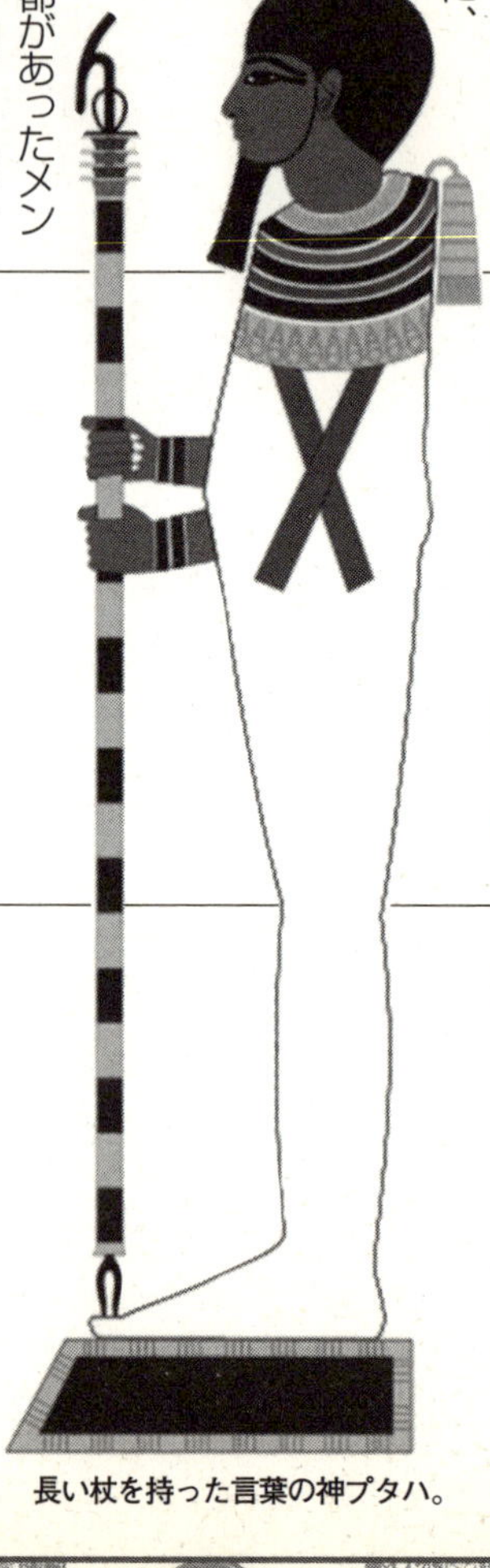

長い杖を持った言葉の神プタハ。

第4章 インド神話の神々

華麗なる神話と伝承の宝庫

インドの神話は大きく、ヴェーダ神話とヒンドゥー神話のふたつに分けられる。

ヴェーダ神話とは、文字どおり『ヴェーダ』に現れる神話のことをいう。ヒンドゥー教の前身であるバラモン教の根本聖典である『ヴェーダ』は、インド最古の宗教文献とされる。

バラモン教は、紀元前1500年ごろにインドに移住したアーリア人たちが、多くの自然神に捧げた賛歌から始まったものである。『ヴェーダ』はこの後、約1000年かけて完成し、インドにおける宗教や文学の根底となった。最古のヴェーダは、紀元前1200年ごろに大筋がまとまった『リグ・ヴェーダ』である。

『ヴェーダ』に見られる神々には、太陽や風、火、雨、雷など、自然に由来するものが多い。この世界では、神々はデーヴァ神族とアスラ神族とに分けられていた。主に現世利益を司ったデーヴァ神族には主神の雷神インドラや、火の神アグニなどがいる。一方のアスラ神族は、当初は厳格な倫理や司法を司る神々だったが、神通力や幻術をよくしたためか、後には信仰が薄れ、悪魔族として扱われるようになった。

やがて、『ヴェーダ』に付属する『ブラーフマナ』と呼ばれる注釈と祭儀の解説文書が作成されるようになった。紀元前800年ごろに成立

ヒンドゥー教の三神一体。左からブラフマー、シヴァ、ヴィシュヌ。

したこれらは、神話や伝説も含んでいたのである。さらに紀元前500年以降、後にインド哲学の源流となる宗教哲学書である聖典『ウパニシャッド』が編まれた。そして、これらにも宇宙創生など、神話は多く含まれていた。

紀元前400年ごろになると、バラモン教の威信が低下し、前300〜前200年には仏教が隆盛を極めた。だが、このころ、バラモン教が非アーリア的な土着の信仰や習俗を取り入れ、変貌《へんぼう》を遂げた。ヒンドゥー教の成立である。

ヒンドゥー神話の代表的な文献といえば、やはり後世の文学・思想に大きな影響を与えた2大叙事詩『ラーマーヤナ』と『マハーバーラタ』だろう。これらが現在の形になったのは前者が2世紀末、後者が5世紀ごろといわれるが、その原形は、いずれも紀元前数世紀には形を整えていたと思われる。『ラーマーヤナ』が実在したとされるラーマ王子の冒険譚であるのに対し、『マハーバーラタ』は部族間の戦争物語である。どちらも、本筋以外に、多くの神話や説話・伝承を含んでいるのが特徴だ。

ちなみに、ヒンドゥー神話の主要神はブラフマー、ヴィシュヌ、シヴァで、この3者は「三神一体」または「トリムルティ」と呼ばれ、3人が本来は1体の神として考えられている。それぞれ宇宙の創造、維持、破壊を司る。なお、ヒンドゥーの神はバラモン教や仏教の神まですべて取り込み、その数は数千に達するといわれる。

シヴァ
Siva
世界の破壊と再生・生殖を司る最高神

苦行者姿のシヴァ。その額には第3の目がある。

ヒマラヤの聖地カイラース山。この山頂で苦行をしているのが、三神一体のひとり、破壊の最高神シヴァである。鋭く屹立《きつりつ》するカイラース山の山容は、祈りの対象となるリンガ（男根）にふさわしい。同時に、宇宙的根源力を感じさせる強い神秘性さえ漂わせている。

このときのシヴァは、青白い裸体に虎の皮を腰にまとい、首に蛇を巻きつけ、伸ばした髪を頭上に結い上げた苦行者の姿で描かれる。額には3本の横線が引かれ、手には三叉の武器リシュールを持つ。

シヴァとは「吉祥」を意味するが、この神はヒンドゥーの神々のなかでも最多の別名をもつ。なかでも有名なものに、バイラヴァ（恐怖の殺戮者）、マハーデーヴァ（偉大なる神）、パシュパティ（家畜の王）、シャンカラ（恩恵を与える者）などがあるが、このシャンカラの名が生産や生殖を司る神とされたので、リンガへの崇拝が生まれたのである。ナタラージャ（踊りの王）などの名もあり、広い神格を与えられているのも特徴だ。

シヴァにまつわる神話をいくつか紹介しよう。

「世界周期の終わりのとき、ブラフマーとヴィシュヌが、ともに自らを〝世界の創造主〟と称して争ていたとき、巨大な火炎を放ったリンガが襲来した。ふたりがその偉大さを認めて賛歌を唱えると、リンガのなかから3つの目をもち、千の手と千の足をもつシヴァが出現した」

「あるとき偉大なバギラータ王が、6万人の先祖の王子を供養するために苦行をした。それを知ったブラフマーは、聖なる天の川ガンジスを地上に流す許可を与えた。だが、地上に直接流すと、かなりの衝撃が予想される。シヴァに祈ると、神は自らの豊かな髪でそれを受け止めることを約束した。こうしてガンジスの奔流はシヴァの髪で弱められ、7つの支流となって、大陸を流れはじめた。これによって多くの人や生き物が潤い、樹木や草原までもが恩恵を受けたのである」

「巨人魔族の3人の魔王が三界を征服して都をたて、圧政を行った。神々はこれを打ち破るのはシヴァのみだと知った。シヴァは願いを受けたが、『私の力だけでは無理だ。すべての神々の力を半分貸してほしい』という。神々はこれを承諾した。

　そして、ブラフマーは戦車の御者、ヴィシュヌは矢に変身。魔王は3つの都を合体させて城砦としたが、満身の力を込めたシヴァの矢は、これを一撃のもとに貫いてしまった」

　最初の神話が天地創造に関する偉大さ、次が果てしなく与えられる恩恵の多さ、最後がどんな難敵も撃破する強さを示している。

　なお、シヴァは仏教にも取り入れられて、「大自在天」などの名が与えられたが、仏教世界を守護するだけで、強い信仰対象にはならなかった。

「踊りの王」シヴァの舞踏姿。

ヴィシュヌ

シヴァと並ぶヒンドゥー教の最高神

Vishnu

三神一体のなかで、シヴァと双璧の力を誇る強大な神が、ヴィシュヌである。

その名は太陽の光と輝きを神格化したもので、サンスクリット語の「あまねく世界に広がる」という言葉が語源になっているという。

もともと起源の古い神で、インドの古い聖典『ヴェーダ』には、

三界を3歩で歩くヴィシュヌ。

ヴィシュヌは天、空、地のすべてをわずか3歩で歩く神として記録されている。

だが、『ヴェーダ』のなかでも最古の『リグ・ヴェーダ』には、彼自身への賛歌はわずか5編しか掲載されてない。しかも、役割としては当時の主神インドラの協力者にすぎず、後の世においてシヴァやブラフマーとともに三神一体の最高神になるとは、とても想像できない地味な存在だったのだ。

ヴィシュヌの力が強大になるのは、『ヴェーダ』に付属する『ブラーフマナ(祭儀書)』という補佐的な役割の解説文書が作成されるようになって以降のこと。祭祀を通じて、主要神として扱われるようになったのだ。

『ラーマーヤナ』などの叙事詩お

よびヒンドゥー教の聖典『プラーナ』の時代になると、ヴィシュヌの勢いはさらに増して、ついには最高神としての地位を獲得する。

　ちなみに、ヴィシュヌを主神とするヴィシュヌ派の創世神話によると、宇宙ができる前の混沌の時代、ヴィシュヌは竜王をベッドとして眠っており、彼のへそに咲いた1本の蓮の花からブラフマーが、さらにブラフマーの額からシヴァが生まれたという。

　日ごろはメール山に妻のラクシュミーとともに住むとされるヴィシュヌは、しばしば青黒い肌、蓮華のようにきらめく目、4本の腕をもつ美青年として描かれる。

　そして、右の上の手にヴィシュヌのシンボルであるチャクラ（円盤または輪状の投擲武器）、右の下の手にカウモーダキー（棍棒）、左の上の手にパンチャジャナ（法螺貝）、左の下の手に蓮の花を持っている。愛用の乗り物は、太陽の鳥といわれる聖鳥ガルーダだ。

　彼はまた、温厚かつ公正であり、慈悲深く、信じる者には必ず恩恵を与えるとされる。

　それとともに、この世が危機に陥ったときにはさまざまなものに変化して、善が常に悪に勝つように、そして全世界を維持し、修復するために働くのである。

　このヴィシュヌの本質が変化した姿――化身は「アヴァターラ」と呼ばれる。

　ブラフマーが創造し、ヴィシュヌが維持し、シヴァが破壊するとされるヒンドゥー教の世界で、アヴァターラとは、どんな存在だったのか？

　おそらくはアヴァターラ自身、本来は古代からの各種族の神々であり、ヴィシュヌはそれらの神々に対する信仰を取り込んで成長していった、一種の複合神だったのだろう。

　次ページ以降で、そのヴィシュヌの10種のアヴァターラを紹介しよう。


ヴィシュヌのへそに咲いた蓮の花からブラフマーが生まれた。

人類を大洪水から救った巨大魚

①マツヤ
Matsya

あるとき人間のマヌは川で大きな魚に襲われている小さな魚を助けた。そして、この魚が成長するまで手元で育てた。やがて海に戻った魚は、マヌに「7日後に大洪水が起こり、すべての生命が滅びる」と予言した。マヌは、この魚がヴィシュヌのアヴァターラであるマツヤであることに気づいた。マツヤはマヌに、船を用意してあらゆる植物の種子を乗せるように告げる。大洪水は本当に起こり、予言を聞いたマヌは助かった。後にマヌは、新たな人類の始祖となったという。

巨大な魚に化身して、人類を救ったマツヤ。

山を支え乳海攪拌を助けた亀

②クールマ
Kurma

神々が不死の霊薬を手に入れようと、悪魔たちと協力することになった。ヴィシュヌは多くの植物の種子を集め、それらを乳海に放り込んだ。そして神々や悪魔たちはマンダラ山を攪拌《かくはん》棒にして、乳海をかきまぜた。その際、亀のクールマに化身したヴィシュヌは、海底でマンダラ山を支え、攪拌のための回転軸となったのだ。なお『マハーバーラタ』では、マンダラ山を支えたのは亀王アクーパーラとされ、『ラーマーヤナ』以降、クールマとなった。

乳海攪拌の最中、海底にいる巨大亀がクールマだ。

③ ヴァラーハ Varaha

大地を水中から引き上げた無敵の猪

あるとき大地が、魔神の力で水底に引きずり込まれた。神々はヴィシュヌに助けを求め、それに応じた彼は巨大猪ヴァラーハへと化身した。無敵の強さを誇るヴァラーハは水中に飛び込み、戦いのすえに魔神を棍棒で打ち殺した。そして、牙で大地を支えながら水中から引き上げたという。ちなみに、この神話の起源は『ブラーフマナ』にあるが、ヴァラーハがヴィシュヌのアヴァターラとされたのは、『プラーナ』時代以降と思われる。

大地を救った巨大猪ヴァラーハ。

④ ナラシンハ Narasimha

獅子の頭と人間の体をもつ神獣

ヴァラーハに退治された魔神には兄弟がいた。彼はヴィシュヌへの復讐を誓い、苦行を重ねた。ブラフマーはそんな魔神に、人間にも獣にも殺されない不死身の体を与えた。ところが、自分の息子がヴィシュヌの信者と知り、魔神は激怒した。そして、自らの手で息子を殺そうとしたところ、獅子の頭に体が人間というナラシンハが出現。魔神を食い殺したのだ。人間にも獣にも殺されない魔神のために、ヴィシュヌは人間でも獣でもない姿に化身したのである。

不死身の敵を倒すナラシンハ。

三界を3歩で歩いた少年僧

⑤ヴァーマナ

Vamana

矮人ヴァーマナから巨大化したヴィシュヌ。

魔王バリが三界を制圧したことがあった。バラモン（祭祀階級）の小さな少年僧に化身したヴィシュヌがバリの宮殿に赴くと、バリは彼の美しさを賛美し、なんでも願いをかなえようといった。少年僧は「3歩で歩ける距離の土地をください」と答える。バリが承諾するのを聞くや、彼は突如、巨大化して本来の姿に戻り、3歩で天、空、地を歩いて三界を奪還したのである。ちなみに、ヴァーマナとは「矮人《わいじん》」すなわち身長の低い人という意味。

シヴァから授けられた斧で敵を殲滅

⑥パラシュラーマ

Parasurama

この名は「斧を持つラーマ」の意味で、7番目のアヴァターラのラーマとは別のもの。かつてクシャトリア（王侯・武士階級）が勢力を伸ばし、政治世界を制圧したことがあった。ヴィシュヌは神々とバラモン、民衆を守るために、聖仙ブリグ族のひとりとして出生。シヴァから斧を授けられた彼は、やがて斧の達人となった。そして、クシャトリアに殺された父の仇を討ち、彼らを全滅させて、バラモンの地位を回復したのである。

シヴァから授けられた斧を持つパラシュラーマ。

悪魔と戦う
インド屈指の英雄

⑦ラーマ *Rama*

あるとき、悪魔ラーヴァナが力を得て、神々を苦しめた。そこでヴィシュヌが人間の姿に化身して地上に降り、ラーヴァナと戦うことになった。『ラーマーヤナ』は、ラーマ王子として生まれたヴィシュヌが、悪魔に誘拐された妻を奪還すべく、奮闘する物語だ。ちなみに、ラーマの妻シーターはヴィシュヌの妻ラクシュミーの化身とされ、ラーヴァナとの戦いでラーマに協力する彼の3人の異母兄弟も、ヴィシュヌの化身であるという。

インド最大の英雄ラーマ。

民衆に最も愛された英雄神

⑧クリシュナ *Krisna*

クリシュナとは「黒い神」の意。名前のとおり青黒い肌をもつ男性として描かれることが多い。ヴィシュヌのアヴァターラのなかで、最も民衆に愛されている英雄である。彼は実在した可能性が高く、死後に神格化されたらしい。神話によると、クリシュナは悪王カンサを滅ぼすために、ヴィシュヌの化身としてこの世に生まれた。幼児のころから多くの奇跡を現出し、長じて後はその美貌ゆえにいくつもの恋愛譚の主人公となるなど、彼に関する話は数多い。

恋多きクリシュナは、常に美しい女性たちに囲まれる。

人々に「悪」を吹き込んだ仏教の創始者

⑨ ブッダ *Buddha*

仏教の創始者ブッダは、民衆に悪の道を説いた存在とされ、改めて正しい道に気づかせるための、いわば反面教師的なアヴァターラだ。神々が魔神たちと戦って負け、世が乱れた。ヴィシュヌはシッダールタ太子（後のブッダ）として生まれ、人々に知恵や祭祀、階級制度を捨てさせるなどの誤った道を説いた。そのため魔神たちはブッダに帰依し、最下層の人々とも一緒に暮らすようになった。こうして誤った考えをもった彼らは、地獄に落ちるべき存在となったのである。

ブッダもヴィシュヌのアヴァターラだった。

最悪の時代に出現する馬頭の英雄

⑩ カルキ *Kalki*

悪徳と蛮行がはびこる「カリ・ユガ」と呼ばれる時代。この最悪の時代に、ヴィシュヌはカルキに化身して出現する。この世から悪魔や魔神たちを駆逐して、正しい知恵と信仰を取り戻すためである。カルキの姿は白馬に乗った英雄、または白い馬頭の巨人で表されることが多い。なお、前のブッダの時代がこのカリ・ユガに相当するという『プラナー』の記述もあり、そのなかでは、ブッダに帰依した魔神たちを滅ぼしたのは、カルキだとしている。

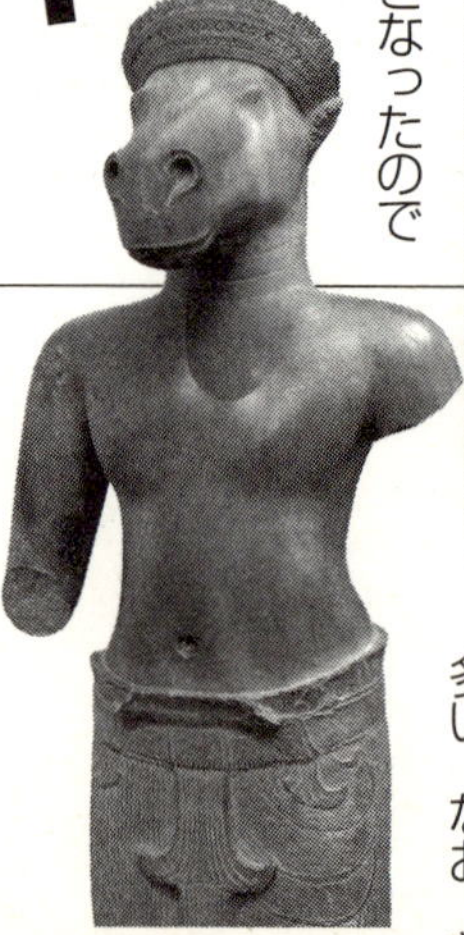
最悪の時代に出現する救国の英雄カルキ。

アレクサンドロス大王の名をもつ軍神

スカンダ

Skanda

誕生4日目で神軍の最高司令官となったスカンダ。

軍神、戦争の神で、その名はイスカンダル（アレクサンドロス大王）から転じたものとされる。通常は3つの頭と6対の手足を備え、孔雀に乗って、長い槍を持つ青年の姿で表される。なお、スカンダの名がアレクサンドロス大王に由来するというのは、インド直前まで遠征した大王が、土着の神に対する信仰に影響を与えたためと考えられる。

スカンダは別名が多く、すばる星団と関係をもつ者という意味のカルティケーヤなど、実に64を数える。仏教では韋駄天の名で知られる。

なお、スカンダの父はシヴァ、母はその妻パールヴァティー。ただし、当時ふたりは火の神アグニとブラフマーの孫娘スヴァーハーのなかに入っていたため、このふたりが彼の代理父母ということになる。

スカンダは誕生4日目で、天地が震えるほどの雄叫びをあげた。激怒した神々は彼に挑戦したが、どうしても勝てない。そこで神々は彼と和解し、神軍の最高司令官に任命した。そして誕生6日目。スカンダは魔神たちを完全に撃破したのである。

宇宙の根本原理にして創造神

ブラフマー

Brahma

シヴァ、ヴィシュヌとともに、ヒンドゥー教の三神一体を構成する神のひとりで、〝世界の創造〟を司るという、きわめて重要な役割をもっていた神が、ブラフマーである。

『ヴェーダ』時代には、聖典に内在する神秘的な力を表す非人格的な原理「ブラフマン」として用いられていた。宗教哲学書『ウパニシャッド』が重視される時代になると、宇宙の根本原理として位置づけられ、人格化されて、ブラフマーとなったのである。

一般にその姿は赤い体に白衣、4つの顔、4本の手に水壺、数珠、笏、『リグ・ヴェーダ』を持ち、水鳥ハンサに乗った姿で描かれる。白い髭の老人で表されることも多い。妻は知恵と学問の女神サラスヴァティー。

ブラフマーの創造神話を紹介しよう。宇宙に何もなかった時代、「宇宙の根本原理」に関わるブラフマンとして出現する前のスヴァヤンブー（自ら生まれる者）は、水を作って種子をひとつまいた。ヒラニヤガルバ（黄金の卵）である。ブラフマンはこの卵のなかで成長した。そして1年後、卵を半分に割り、それぞれの半分から天や地などを生んだ。

その後、ブラフマーは、自分が生んだ女神サラスヴァティーと交わり、人間を生み出すのだ。後にこの女神が、人間に言葉や物事の識別能力を与えたという。

4つの顔をもつ創造神ブラフマー。

ブラフマーは抽象的な概念の神だった。

この神話でもわかるように、彼は当初は確かに最高神であり、神話のなかにも彼の命令で、シヴァやヴィシュヌが魔神退治に出動する話が、数限りなくあるのだ。

だが、『ウパニシャッド』が語る宇宙の根本原理についての哲学は、あまりにも難解かつ抽象的だった。そのため、シヴァとヴィシュヌが具体的な英雄として明確化されるにしたがって、ブラフマーの神格は相対的に下がっていく。

前述のように、ヴィシュヌ派の神話のなかでは、ブラフマーはヴィシュヌのへそに咲いた蓮の花から生まれたとされている。また、宇宙の創造はシヴァのリンガが行い、ブラフマーはそれを賛美したとまで書かれている。

さらに、ブラフマーの顔は本当は5つあったのだが、無礼な話し方をしたという理由でシヴァの怒りに触れ、彼の爪で首をひとつ切り落とされてしまったという話まであるのだ。

こうした話が生まれる段階で、ブラフマーの影が相当に薄くなっているのがわかる。結局、その流れは時代が過ぎていっても変わらなかった。

このようにブラフマーの地位が低下した理由としては、おそらく民衆が、あまりにも抽象的な存在の神より、積極的に人間世界と関わり、単純で明快な現世利益を与えてくれるシヴァやヴィシュヌのような神々を求めたためだろう。

ブラフマーは仏教に取り入れられた後は、「梵天《ぼんてん》」として上方を守る仏法の守護神となった。

誤解がもとで象頭の神となったガネーシャ。

ガネーシャ
Ganesa
大衆の信仰を集める象頭の神

「神様の絵」は、インドのどこへ行っても人気を集めているが、その特徴を知らなければ、われわれにはどれがだれだか区別がつきにくい、ただし、このガネーシャを除いて……。

何しろ頭が象である。そして、片方の牙が折れている。彼はまた、供物である果物を食べすぎたということで、太鼓腹の姿で表現されることが多い。蛇の帯を締め、腕は4本。多くは鼠に乗っている。

もちろんガネーシャとて、生まれたときから象の頭をしていたわけではなかった。それにはいくつかの奇想天外な伝承があるのだが、一般的なのは次のものだ。

シヴァの妻パールヴァティーは、夫の留守中に自分の体の垢を集め、美しい人形を作った。その人形を気に入った彼女は命を吹きこみ、息子としたのである。それがガネーシャだった。

あるとき、水浴をしようとしたパールヴァティーが、ガネーシャに見張りを命じた。「私が水浴をしている間、浴室にはだれも入れないように」と。そこにシヴァが帰宅した。ガネーシャは父の顔を知らないため、母の命令どおり彼を追い返そうとした。シヴァももちろんガネーシャが自分の息子（かどうかは曖昧だが）であることを知らないため、ふたりは部屋に入れろ入れないの押し問答になった。ついには激怒したシヴァが息子の首をはね、遠くへ投げ捨てたのである。

嘆き悲しむパールヴァティーの姿を見て、シヴァは捨てたガネーシャの頭を捜しに旅に出るが、どうしても見つけることができなかった。仕方なく最初に出会った象の首を切り落として持ち帰り、ガネーシャの体に取りつけて、彼を復活させたのである。

　牙が1本折れていることに関しても面白い伝承がある。あるとき、ガネーシャが酔って夜道で転倒した。その姿を月に嘲笑されたため、怒ったガネーシャが牙を1本折って、月に投げつけた。牙で傷ついた月は、それ以来、満ち欠けするようになったというのである。

　ガネーシャの名は、ガナ（群衆）とイーシャ（王）を合わせた意味をもち、インドでは知恵と学問、商業の神として信仰されている。人々は何かを新しく始めるときは、必ずガネーシャに祈りを捧げてから行う。ほかの神を信仰していても、最初にこの名を唱えることも、一般的に見られる。ただし、これはガネーシャが嫉妬深い神であるため、信者たちはそれを恐れて……という説もあるが。

　ガネーシャは仏教に入ってからは「聖天」や「歓喜天」という名になり、現世利益を与える存在として認められた。

　なお、毎年夏の10日間、西インドを中心にガネーシャの誕生を祝う祭りが行われる。粘土で作られた巨大なガネーシャの像が、街中を練り歩き、最後は川や海に流されるという、厄除けの祭りである。

人々は新しく物事を始めるときは、この神に祈りを捧げる。

サラスヴァティー
Sarasvati
あらゆる創造的技芸の女神

ブラフマーの美しき妻サラスヴァティー。

名前は水を持つ者とか、優美な者の意味。『ヴェーダ』時代には、川の化身という存在だった。川が作物を実らせ、富をもたらし、汚れたものを浄化することから、しだいに崇拝を集めるようになったのだ。

父はブラフマー。誕生後、その美しさゆえ父であるブラフマーに求婚され、妻となった。ブラフマーに4つの顔があるのは、彼女の美貌をどの角度からも見られるようにするためという。

彼女はまた、『ブラーフマナ』以降は、ヴァーチュ（言葉）の女神と同一視され、サンスクリットとそれを書くためのデーヴァナーガリー文字を創造した。そのため学問、知恵、音楽、芸術の女神ともいわれる。

4本の腕には数珠や『ヴェーダ』、琵琶に似た楽器ヴィーナなどを持つことが多い。乗り物は白鳥か孔雀。しばしば蓮の花の上に座る姿で表される。

仏教に入ってからは「弁才天」などの名が与えられる。日本では弁天様としておなじみである。周知のとおり七福神のひとりであり、福徳と財宝を得られることから、「弁財天」とも呼ばれる。

神秘のパワーと怪力を誇るヴィシュヌの友

ハヌマーン

Hanuman

風神ヴァーユが猿王の元妻アンジャナーと交わってできた子で、ヴァーユの化身ともいわれる。俊敏で、姿や大きさを変える能力を持つ。その名は「顎骨をもつ者」という意味。

無双の戦士ハヌマーンは『ラーマーヤナ』で、英雄ラーマの友として活躍する。悪魔の王ラーヴァナに拉致されたラーマの妻シーター。ハヌマーンはその監禁場所を発見し、ラーマに知らせる。そしてふたりは協力して、戦いのすえにシーターを救出する。

ハヌマーンに対する信仰は現在でも篤く、インドや中国、ネパールなどに広く棲息する尾長猿の一種、ハヌマーンラングールはこの神の眷属と見なされ、ヒンドゥー教寺院において、手厚く保護されているという。

なお、彼の活躍が中国に伝わり、『西遊記』における孫悟空のモデルになったとする説もある。現在、日本のマンガ『ドラゴンボール』が欧米諸国に輸出されて人気を博しているが、そのベースが『西遊記』にあることは、周知の事実だろう。

孫悟空のモデルともいわれるハヌマーン。

ラクシュミー

Laksmi

ヴィシュヌの妻にして幸福と美の女神

ヴィシュヌの妻。優美と幸運、そして繁栄や栄誉、豊穣を約束する神である。常に美しく、従順で、温和な性格をもつ女神でもあるので、信奉する人々は少なくない。前述の「乳海攪拌」の最中に海の泡から生まれた。このとき、多くの悪魔が彼女を自分のものにしようとしたが、果たせなかったという。4本の腕と蓮の花の目をもち、体も蓮の花の色、蓮の花の衣を身にまとう。赤い蓮の花に座った姿で描かれることが多い。

海の泡から生まれたラクシュミー。

ヴィシュヌがアヴァターラとしてこの世に姿を現すたびに、ラクシュミーも化身して妻になる。ラーマの妻シーターも、ラクシュミーの別の姿として位置づけられているのだ。

別名のシュリーは本来、ラクシュミーと同じく繁栄と幸運の女神だったのだが、後世、ラクシュミーと同一視されるようになった。

仏教に入ると「吉祥天」となり、やはり美しく優美な姿で描かれている。なかでも、奈良・薬師寺の画像、東大寺法華堂の塑《そ》像《ぞう》、京都・浄瑠璃寺の木像が名高い。

パールヴァティー

Parvathi

妖艶な姿で描かれるシヴァの美しき妻

シヴァの最初の妻サティーの生まれ変わりといわれるのが、パールヴァティーである。

すべての美の象徴とされ、何百人もいるシヴァの妻のなかで、最も愛情を注がれている。その名は「山に住む女神」の意。

彼女がシヴァの妻になるにいたっては、次のような伝承がある。

妻サティーの死後、落ち込んだシヴァはカイラース山頂で苦行に明け暮れ、悲しみをまぎらわせていた。その姿に感動した山々の王ヒマラヤは、娘のパールヴァティーを彼の世話役として送った。だがシヴァは、彼女を見向きもしない。そこでパールヴァティーは、シヴァの心を得るために、自らも凄まじい苦行を始めたのである。どんな苦しみにも耐える彼女を見て、さすがのシヴァも心を動かした。やっと結ばれたふたりだったが、実は彼女はサティーの生まれ変わりだったのである。

パールヴァティーの像は多くが乳房をあらわにして、女性の肉体の美しさを誇っている。こうした妖艶な美と穏やかさに対する信仰は厚く、彼女を最も崇める人々も少なくない。

シヴァの妖艶な妻パールヴァティー。

勇猛な姿が崇拝の念を集めた軍神

インドラ

Indra

『ヴェーダ』神話では最も人気が高く、とくに『リグ・ヴェーダ』のなかでは、全体の約4分の1がこの神への賛歌になっている。

インドラの起源は古く、紀元前14世紀のヒッタイト条文のなかにも記述があることから、小アジアやメソポタミアでも信仰されていた神だったらしい。また、雷や稲妻を神格化した存在であるため、ギリシア神話のゼウスなどに相当する神と考えられる。

インドラの体は黄金色または茶褐色で、髪や髭は赤か黄金。稲妻を象徴する武器ヴァジュラ（金剛杵《こんごうしょ》）を持って、2頭の天馬の引く戦車に乗り、空中を駆けぬける。天馬ではなく、4本牙の巨大な白象アイラヴァータに乗るとの伝承もある。さらに、彼が地上に降り立つと虹がかかるともいう。

敵は人々を苦しめる凶暴なナーガ（蛇）族のヴリトラだ。

神話によれば、天空神ディアウスと大地の女神プリヴィティーの子としてインドラが誕生したとき、ヴリトラが雨を止め、川の水をせき止めていたため、人々は旱魃に苦しめられていた。生まれたばかりのインドラは人々の嘆きを聞くや、必殺の武器であるヴァジュラを手にし、神酒ソーマをがぶ飲みして戦いに赴いたという。

戦いのすえヴリトラに勝利したインドラは、恵みの雨を受けた人人の尊崇を集めた。やがて父を倒し、自分の地位を不動のもとした

「ヴェーダ」時代の主神であった雷神のインドラ。

シヴァやヴィシュヌの台頭とともに、インドラの地位は下がっていった。

彼は、それを足がかりに、最高神への道を駆け上がっていったのである。ヴリトラを倒したことにより、後にインドラはヴリトラハン（ヴリトラを殺す者）という異名をもつようになった。

インドラは、時代を経るにしたがって人気を失い、その地位はシヴァにとってかわられていく。その人気の凋落ぶりは、『ラーマーヤナ』のなかで悪魔に捕まる存在にまで貶められてしまったほどだ。

だが、一部の伝承のなかでは依然、インドラの神々の王としての権威は保持されており、神の都アマーラヴァティーの楽園で、天女たちに囲まれて暮らしているという。この都は神々、人間なら聖者、英雄として死んだ者しか入れない場所で、戦いで死んだ勇敢な戦士たちの魂が運ばれてくるという。

これも北欧神話におけるワルハラ（神々と戦死者の宮殿）を彷彿《ほうふつ》とさせる。

なお、叙事詩『マハーバーラタ』などに登場する英雄たちの超兵器のひとつが、「インドラの炎」や「インドラの矢」などと呼ばれるもの。これは太古のインドで、インドラが悪魔の王ラーヴァナの大軍を、一撃で死滅させた武器だという。

ちなみに仏教に取り込まれた後のインドラは、「帝釈天《たいしゃくてん》」と呼ばれ、東方を守る守護神となっている。

カーリー

Kali

破壊と殺戮を好む強大な女神

　カーリーの名は「時間」と「黒」を意味する言葉、カーラの女性形である。悪神アスラたちの跋扈《ばっこ》に怒って、黒く染まった女神ドゥルガーの額から出現した女神とされる。

　彼女はシヴァの妻のひとりだが、やせた体は全身黒色。４本の腕をもつ上半身は裸だ。そのうえ髪を振り乱し、目を血走らせ、牙のある口を大きく開けて舌を出し、生首を手に下げ、首にドクロの環を飾り……。腰は切り取った手足で覆われている。

　この恐ろしい姿のとおり、カーリーは好戦的で血を好み、破壊や殺戮《さつりく》を喜ぶ存在だ。

　別名はカーリー・マー（黒い母）。仏教に取り入れられてからは、「大黒天女」と呼ばれる。

　彼女に関しては、次のような話が伝わっている。

　アスラと戦うべくして生まれたカーリー。だが、彼女がいくら殺戮しようとも、アスラの数は減らない。というのも、アスラは自らの流血から分身を作ることができるのだ。それを知ったカーリーは、敵が流す血はもちろん、その体内の血液をすべて吸いつくして、戦いに決着をつけたのである。

夫シヴァの体の上で踊るカーリー。

　ところが、勝利に酔ったカーリーが踊りはじめると、そのあまりの激しさに大地が粉々に砕けそうになった。

　これでは人間たちが危ないと感

じた夫のシヴァは、カーリーの足元に横たわった。そして、自らの体を彼女に踏ませることで、大地への衝撃を弱めたのだった。現在でも、カーリーがしばしば夫シヴァの腹の上で踊る姿で表されるのは、この出来事に由来している。

　ちなみに、シヴァの妻のなかでも陽がパールヴァティー、陰がカーリーとされている。そして、シヴァもパールヴァティーといるときは、穏やかだが、カーリーといるときは、世にも恐ろしい魔神のような顔になるのだ。

　だが、そんなカーリーは、実はシヴァにとって重要なエネルギー源なのである。彼女と交わることで、シヴァはそれを手に入れることができる。そのためカーリーは、シャクティー（性力）とも呼ばれている。

　ヒンドゥー教の神々のなかで最も恐ろしく、そして醜悪であるにもかかわらず、なぜかカーリーは広く人気がある。とくにベンガル地方においては、最も霊験のある神として崇拝されている。そして、彼女を祀った寺院では、今なお祭儀のたびに、生け贄にされた動物たちの血が流されているのである。

　ところで生け贄といえば、実はカーリー信仰の影には恐ろしい事実が隠されている。

　かつてタッグと呼ばれる殺し屋集団がいた。彼らは500年以上にわたって、実に何百万人という人々を殺したという。そして、その犠牲者たちの死体をすべてカーリーに捧げていたというのだ。タッグはイギリス統治時代に全滅させられたといわれるが、末裔《まつえい》が残っている可能性を否定できる者はだれもいない。


醜い女神だが、現在でも信者は多い。

世界に火をもたらした神
アグニ
Agni

火の神アグニに対する『リグ・ヴェーダ』における賛歌は、全体の5分の1を占める。炉の神を神格化したとの説もあり、清浄と賢明の神でもあった。もとはゾロアスター教を起源とする古い神だったらしい。妻はスヴァーハー。

　多くは赤い体に炎の衣をまとう。そして炎の髪、黄金の顎と歯をもち、3つの頭と7枚の舌、3本の腕をもつ姿で描かれる。生誕に関しては不明で、ブラフマーが作り出した蓮の花から生まれたとも、太陽、または石から生まれたともいわれる。

　アグニは天にあっては太陽として輝き、空では稲妻として光り、地では儀式の祭火として燃えさかる。家の火、森の火、そして心中の怒りの火や、思想の火、霊感の火などもアグニだった。むろん、悪神や悪魔などを焼き払う浄化の火でもあった。

　さらに、神々と人間を結ぶ仲介者の役割も務めていた。捧げられた生け贄や貢ぎ物などを燃やして煙となし、天上の神々に届けるのだ。神との仲介者ゆえ、結婚式や誓約式では神聖な証人ともなったらしい。

神と人との仲介役も務めたアグニ。

ドゥルガー

Durga

悪魔の名を奪った戦いの女神

ドゥルガーもカーリー同様、シヴァの暗黒面に対応する妻で、冷酷な戦いの女神だ。その名は、近づきがたい者を意味する。彼女はライオンもしくは虎に乗り、10本の腕に神授の武器を持ち、美しい容姿でありながら、敵に向かって咆哮《ほうこう》した。

その誕生は次のように伝わる。アスラ族の軍勢が天界を攻め、インドラなどの古い神々を追放した。神々はシヴァ、ヴィシュヌ、ブラフマーに助けを求めた。3人はそれに応えて、口から光を放射した。一点に集中したその光のなかから、ドゥルガーが生まれたのである。喜んだ神々はシヴァの三叉戟《げき》、クリシュナのチャクラ、アグニの槍などの武器を彼女に与えた。ドゥルガーが神々の期待に応えたのはいうまでもない。

また、彼女の名は実は敵のアスラ王のものだった。ひとりで1000万の騎馬軍団、1200万頭の象、1億台の戦車に立ち向かった彼女は、1000本の腕を作り出して対抗し、すべてを破壊した。最後にアスラ王を殺した彼女は、自らドゥルガーを名乗ったのである。

三神一体が放った光のなかから生まれた女神ドゥルガー。

ヤマ Yama

最初の人間にして死者の王

当初は優しかったヤマも、厳格な地獄の王となった。

太陽神ヴィヴァスヴァットの息子で、『リグ・ヴェーダ』においては当初、天に属していたが、妹のヤミーとともに「最初の人間」という地位を与えられた。そのため、必然的に「最初に死んだ人間」になった。さらに、「死者の道」を発見したことで、死者の国の王として、君臨することになったのだ。

別名は多く、ムリティユ（死）、ピトリパティ（祖霊の主）、シャマナ（消滅させる者）などがある。後にヤマは仏教に取り入れられ、「閻魔《えんま》」となる。

ヤマの起源は、紀元前1000年ごろに書き記されたと思われる、ゾロアスター教の聖典『アヴェスタ』にある。このなかに登場する聖王イマが、最初の人間、理想的な統治者として、ヤマに対応しているのだ。なお、この『アヴェスタ』はもとより、『ヴェーダ』にも、ヤマ（＝イマ）が死者を裁くような記述は見当たらない。

実際『ヴェーダ』時代のヤマは、別名のひとつが示すように、祖霊たちが暮らす天国ピトリスの支配者だった。死者たちにとってピトリスの宮殿はまばゆいばかりの美しさで、まさしく楽園だったのである。

ところが、それが『ラーマーヤナ』や『マハーバーラタ』などの叙事詩の時代になると、厳しいものに変わってきた。死者たちの国も天界から地底に移った。優しかったヤマも、人間が死んだ後に生前の行いを記録し、それを裁くという厳格なものになった。

死後の世界の管理者となった彼の姿は、王冠をかぶり、体は青もしくは緑色。血のような赤い衣を身にまとい、手には矛と縄を持っている。乗り物は水牛ないしは野牛である。

さらに、彼につきしたがうのは2匹の犬。4つの目をもつ彼らはその鋭い嗅覚で死すべき人間のにおいをかぎつけ、ヤマの元へ連れてくるのだ。裁きの館に連れてこられた死者は、ヤマの下す恐ろしい判決を震えながら聞くのである。

ところで、彼から逃げる、つまり「死」から逃れるには、ひとつだけ方法があるとされる。それは三神一体の神々を信仰することである。強大な権力を持つヤマも、この3人には逆らえないらしい。

これについては、こんな神話が残されている。

あるとき、ひとりのシヴァ・リンガを信仰する男が、死に瀕していた。ヤマは彼を死の国に誘おうとするが、男はリンガ像をつかんで抵抗する。腹を立てたヤマは、リンガ像ごと彼を死者の国に連れていこうとした。

これを見たシヴァは激怒した。「私のシンボルを侮辱するとは何事か?」。あげくに、彼はヤマを蹴り殺してしまったのである。

ところが、ヤマがいなくなった世界は大変なことになった。死ぬ人間がいなくなったため、人間であふれ、収拾がつかなくなったのだ。困り果てたシヴァは、結局、ヤマを生き返らせざるを得なかったのである。

日本に渡ったヤマは、閻魔と呼ばれるようになる。

スーリヤ

Surya

馬車に乗り天空を駆ける太陽神

自然神の代表ともいえる存在で、太陽を神格化したもの。ブラフマーの子といわれている。

『リグ・ヴェーダ』のなかのスーリヤは灼熱の太陽そのものであり、インドラ、アグニとともに3主要神として崇められていた。

『プラーナ』時代になると、彼は赤銅色の肌、金髪に3つの目、4本の腕を持った姿で描かれる。

乗り物は7頭の馬が引く黄金の戦車。天の道を東から西へと駆けぬけるのだ。

聖典『ヴィシュヌ・プラーナ』によれば、この黄金の戦車はとてつもなく巨大なもので、9000ヨージャナ（1ヨージャナは7～8キロ）もある。また、戦車には1年の各月に応じて、ナーガや巨人、聖者など、12の部族の代表が同乗し、スーリヤをサポートするという。

ちなみに、インドのオリッサ州コナーラクにある世界遺産の太陽神寺院は、この黄金の戦車の形を模した巨大な寺院である。

なお、まぶしすぎるスーリヤの体の一部を削り、その光の破片からシヴァの三叉戟、ヴィシュヌのチャクラ、スカンダの槍などの神の武器が作られた。

太陽神寺院に安置されたスーリヤ。

第5章 日本神話の神々

正史のもとに生み出された神々

いわゆる日本神話は『古事記』上・中・下3巻のうちの上巻と、『日本書紀』30巻のうちの1・2巻に記された神代の物語、および『古事記』中巻の初めと『日本書紀』3巻に記された神武天皇の建国の物語である。その他、出雲（現島根県東部）、日向（現宮崎県）など各地の『風土記』の部分や『古語拾遺』に記録されたものなども含まれる。

だが、ここで確認しておかなければならないことは、『古事記』や『日本書紀』の記述は、6〜7世紀に国家を統一した大和朝廷（アマテラス大神《おおみかみ》を中心とする天津神《あまつかみ》）の、神聖にして偉大な正当性を地方権力（オオクニヌシ神を中心とする国津神《くにつかみ》）に主張するための「正しい歴史」として編纂されたものであることだ。

これまで見てきた他国の神話とは異なる建国神話であり、国家の主導によって編纂《へんさん》が行われた、相当に政治色の強いものであるといえる。なかでも『日本書紀』にはその傾向が強く表れている。それに比べ『古事記』の神話世界は、物語性の強い「八岐大蛇退治」や「因幡《いなば》の白兎」なども載せられていて、かなりなじみやすいものとなっている。

『古事記』は、天武天皇（在位673〜686年）が、舎人の稗田阿礼《ひえだのあれ》にこれまでの皇室の系譜や神話などを暗記させたものだ。さらに元明天皇（在位710〜715年）の時代、それが官人・太安万侶《おおのやすまろ》によって撰録され、712年に天皇に献上されたのである。

また『日本書紀』も同様に天武天皇の発案と見られ、その編纂も『古事記』とほぼ同時期に行われたものと思われる。こちらは中国の歴史書を強く意識したもののようであり、天武天皇の皇子・舎人《とねり》親王によって編纂され、720年に完成した。『古事記』があくまで日本最初の歴史書であるのに対し、こちらは日本最初の勅撰の歴史書、すなわち「正史」である。

　また『風土記』も元明天皇の時代に各地方で記録されたものだが、完本は『出雲国風土記』のみで、他の地方のものは断片的に残っているにすぎない。

　なお、『日本書紀』は『古事記』と神話的な根幹の部分に大きな違いはない。しかし、『古事記』とは異なり、本文のほかに一書と異説も併記されていることがある。さらに、『風土記』にはその地方特有の神々も見られるし、『記紀』に現れる有名な物語がまったく載っていないということもある。807年に成立したとされる『古《こ》語拾遺《ごしゅうい》』にもその傾向がある。すなわち、『記紀』の神話だけが日本神話ではないのだ。

　それらのことも頭に入れておけば、よりいっそう神話世界を楽しむことができるだろう。

イザナギ命とイザナミ命の国生み。

アメノミナカヌシ神

天の中心を司る日本神話の始祖神

天之御中主神

この宇宙が生まれたとき、まず天の高天原《たかまがはら》に現れたのが、創造神たるアメノミナカヌシ神《のかみ》だった。天の中心を司る神、かつ日本神話の始祖神である。

だが、アメノミナカヌシは突然、身を隠してしまう。アメノミナカヌシと同じ「造化三神《ぞうかさんしん》」であるタカミムスビ神とカミムスビ神も同時に身を隠したが、両神とも後にたびたび現れるのに対し、アメノミナカヌシは姿を見せないままだ。

したがって「記紀」（『古事記』と『日本書紀』）にもエピソードがない、謎の神なのである。

実はアメノミナカヌシは、タカミムスビ、カミムスビの2神を統合するために後から設定された、観念的な神らしい。これには、中国の影響が見られる。古代中国の「陰陽五行説」では、3、5、7が聖数とされていたが、これを日本の創世神話に当てはめたと考えられるのだ。すなわち造化神は3、これに2神を加えた「別《こと》天《あまつ》神」は5、さらに「神世七代《かみよななよ》」と呼ばれる神々が7。そのためにも造化神はどうしても3人必要であり、タカミムスビとカミムスビの上にこの神を置いたのである。

原初の神、アメノミナカヌシ神。(『古事記絵詞』／山辺神社)

人に働きかける生命の力を表す神

タカミムスビ神&カミムスビ神

高御産巣日神&神産巣日神

アメノミナカヌシ神に次いで高天原に登場したのが、同じく造化三神のタカミムスビ神とカミムスビ神である。このふたりはアメノミナカヌシ神とは異なり、「記紀」にもところどころに現れる。ただし表だった活躍はなく、この後に現れる神々を背後で支えるといった役割である。だが、ふたりの立場は大きく異なる。

神々の創造の後、タカミムスビがアマテラス大神のサポート役、つまり天津神である高天原側（中央政権に擬せられる）についたのに対し、カミムスビはそれとは逆に、中央に対抗する国津神である出雲側（地方勢力に擬せられる）を背後から支えるのだ。国津神の代表といえばオオクニヌシ神であり、事実、カミムスビは数度にわたってオオクニヌシを窮地から救っている。

なお「産巣日《むすび》」は天地の生成を意味する。したがって、ふたりは万物の生成を司る神であり、タカミムスビが天の高いところにあって輝く生命の力を表す神であるのに対し、カミムスビは人に働きかける生命の力を表す神といえる。

造化三神のひとり、タカミムスビ神。（『古事記絵詞』／山辺神社）

同じくカミムスビ神。（『古事記絵詞』／山辺神社）

憎しみ合った創世の主役神

イザナギ命&イザナミ命

伊邪那岐命&伊邪那美命

イザナギ命《のみこと》とイザナミ命のふたりは最初の人格神であり、また最初に登場する夫婦神である。別天神が天地創造の大事業を成し遂げたのを受け、神世七代のイザナギ、イザナミは国土の造成、開発、そして経営のために登場した神であった。ふたりは、記紀神話の実質的な創造神ということができる。

なお、この2神は八百万《やおよろず》の神を次々と生み出していく前に、夫婦の交わりによって国生みを行っている。つまり、日本の島々（大八島《おおやしま》と6つの島々）をまず生んだのである。

日本神話で最も有名なエピソードのひとつに、イザナギの黄泉国《よもつくに》下りがあるが、これはその国生みが終わった後に起きたことだ。

日本の国土がようやく完成し、イザナギとイザナミは八百万の神々を生む作業に取りかかる。だが、イザナミが最初の何人かを生み、次に火の神ホノカグツチ神を生んだときから悲劇が始まる。出産の際にイザナミが大やけどを負って死んでしまったのだ。

亡き妻をあきらめきれないイザナギは、死者の国である黄泉国までイザナミを追いかけた。そして、ともに地上に帰ろうという夫に、イザナミはこう答えた。「私はもう黄泉国のものを食べてしまったので、普通なら地上には帰れません。

矛で渾沌をかき混ぜ、国生みに励むイザナギとイザナミ。

でも、この国の神に地上に帰れないか相談してきます。ただし、その間は絶対に私の姿を見ないでください」

　だが、待ちきれないイザナギは約束を破り、妻の姿を見てしまう。それは腐敗して蛆《うじ》が湧いた、醜く浅ましい姿だった。妻の変わりはてた姿に恐れをなしたイザナギは、地上に逃げ帰ろうとした。

　ところが、それに気づいたイザナミは、次々と鬼女を追っ手として差し向けたのである。これに対し、イザナギは髪の飾りや櫛の歯など、さまざまのものを投げて応戦した。やっと黄泉国と現世の境である黄泉比《よもつひ》良坂《らさか》までたどり着いたイザナギは、そこで邪気を退ける桃を見つけて鬼女に投げつけ、ようやく追い払った。

　最後にイザナミ本人が追ってきた。ふたりは千引岩《ちびきのいわ》をはさんで相対した。イザナミがいう。「あなたがこんな仕打ちをするなら、私はそちらの国の人々を1日に1000人殺す」と。イザナギが答えた。「それなら私は1日に1500人の人間が生まれるようにしよう」

　こうして、この世では1日に1000人が死ぬ一方で、1500人が生まれることになったのである。イザナギは逃げおおせ、この後、イザナミは黄泉の大神になったという。

　ちなみに、イザナミは葬送された最初の神であり、その葬地は『古事記』では出雲（島根県）と伯耆《ほうき》（鳥取県）の国境の比婆山《ひばさん》、『日本書紀』では熊野（三重県）の花の窟《いわや》神社であると考えられている。

最初にできたオノゴロ島に立つ2神。

皇室の祖となる日本神話の主神

アマテラス大神

天照大神

黄泉国から逃げ帰ったイザナギ命は、筑紫《つくし》（九州の古称）の橘《たちばな》の小門《おど》の阿波岐原《あはぎはら》に赴き、体についた穢《けが》れを洗い落とすことにした。

天皇家の祖神となるアマテラス大神。

すると、禊《みそ》ぎ祓《はら》いのときどきに、新しい神々が生まれてくることになった。

アマテラス大神もそうした過程で生まれたひとりだった。彼女は、イザナギが左目を洗ったときに生まれ出たのである。アマテラスは美しい女神であった。誕生の瞬間、光が天地いっぱいにあふれ、燦然と輝いたため、イザナギは非常に喜んだという。

ちなみに、右目を洗った際にツクヨミ命が、鼻を洗った際にスサノオ尊《のみこと》が生まれた。この3人は、以降「三貴子《みはしらのうづのみこと》」と呼ばれる天津神となる。

父イザナギから高天原の統治を任されたことから、アマテラスは神のなかの神となった。そして、後には地上（豊葦原《とよあしはら》の千五百秋《ちいほあき》の瑞穂《みずほ》の国）世界の統治を、自らの子らに委ねることになる。アマテラスは皇室の祖先となる神＝皇祖神となったのだ。

ところで、アマテラスにまつわる最も有名な神話といえば、やはり「天岩戸《あめのいわと》隠れ」であろう。もとはといえば、弟スサノオ尊の乱行から起こった事件だったが、これについては後述するとして、太陽神であるアマテラスが、岩屋のなかに閉じこもってしまったのだ。高天原も、地上の豊葦原中国《とよあしはらのなかつくに》も真っ暗になった。いつまでも闇夜が続くと、邪神がはびこりだし、諸々の災いが一気に起こることになる。

困りはてた神々は集まって、対策を協議することとなった。そして、知恵の神であるオモイカネ神の案を実行することにした。やがて、岩屋の前は多くの貢ぎ物などで飾り立てられた。準備が整ったところで、力自慢のアメノタヂカラオ命が岩屋の陰に隠れた。そして、女神のアメノウヅメ命が躍り出たのである。伏せた樽の上で踊る彼女は、興奮のあまりいつしか半裸となり、これを見た神々は大笑い、やんやの喝采《かっさい》を送った。

すると、外の騒々しさを不思議に思ったアマテラスが、岩戸を細めに開けていった。「私がいないというのに、神々はなぜ楽しそうなのか？」。アメノウヅメは答えた。

「あなた様より尊い神がおいでになったので、みな喜んでいます」

そして他の神々が「この方です」と八《や》咫鏡《たのかがみ》をアマテラスに向けた。鏡に自分自身が映ったのを見て、怪訝《けげん》に思ったアマテラスが身を乗り出すと、すかさずアメノタヂカラオが彼女の手を取って、外に引き出した。同時に、他の神が岩屋に注《し》連縄《めなわ》を張っていったのである。「ここよりなかにお帰りになってはいけません」。かくて世界は明るさを取り戻したのである。

ちなみに、女神とされているアマテラスだが、実のところ世界的に見ても、太陽神が女神である例はない。このことから、日本では本来、男神であった太陽神が封印され、代わりにこの神を祀り、神託を受けた巫女が神格化された可能性も考えられている。

日本神話で最も有名なシーン「天岩戸開き」。

ツクヨミ命

夜の世界を支配する農耕の神

月読命

イザナギの右目から生まれたツクヨミ神。

ツクヨミ命は「三貴子」のうち、アマテラス大神に次いで2番目、イザナギ命が禊ぎ祓いに際して、右の目を洗ったときに生まれた。

そして、父イザナギより夜の国の統治を任される。

「月を読む」とは月の満ち欠け、つまりは暦を読むことと関係している。このことから、ツクヨミは農耕の神、さらに漁業の神とされている。

というのも古代の人々は、太陽の巡りとともに月の巡りを数えることによって、四季の変わり目や種まき、刈り入れといった農耕の区切りの時期を知ることができた。さらに、魚の産卵期なども月が教えてくれたため、大漁となる時期も判断することができたのだ。

月はこれほど重要な天体だったのである。人々がその神秘の霊力を、神として崇めるようになったのも当然のことだろう。

とはいえ『古事記』では、ツクヨミはかなり影の薄い神であった。登場シーンは、わずかに父であるイザナギに、統治国を割り当てられるシーンのみだ。対して『日本書紀』では何か所かに見られる。そのなかでもとくに有名なエピソードを紹介しよう。

あるとき、ツクヨミはアマテラスの命を受けて、高天原から豊葦原中国に降りた。そして、五《ご》穀《こく》豊《ほう》穣《じょう》かつ食物の女神であるウケモチ神のもとを訪れたのである。思わぬ神の訪問に喜んだウケモチは、自らの口から吐き出した飯や魚や動物たちで、ツクヨミをもてなしたのだった。

ところが、これを見たツクヨミは「口から出したものを食べさせるなんて、なんて汚いことをするのだ」と激怒した。そして、いきなり女神を斬り殺してしまったのだ。すると、女神の頭から牛馬、額から粟、眉から蚕、目から稗《ひえ》、腹から稲、陰部から麦、大豆、小豆が生まれたので、ツクヨミはそれを高天原に持ち帰った。

だが、女神を殺すという、弟のあまりに度を超した暴挙を知ったアマテラスは怒り、その結果、姉弟は決定的に不仲となった。それ以来、太陽と月は離れて住むようになった。これが「日月分離《ひつきぶんり》」の神話と呼ばれるものであり、ひいては昼と夜の起源となったのだ。

ちなみに、ウケモチの体から生まれた五穀を、アマテラスは民が生きていくのに必要な食物だとして、これらを田畑にまく種とした。

なお、ツクヨミの統治国に関しては『日本書紀』のなかでも諸説あり、イザナギから海原の統治をも任されたとする解釈も見られる。これはおそらく、月が潮汐を支配しているという発想からきたものだろう。

ただし、この海の統治および、前記の食物神殺害については、スサノオ尊にまつわるエピソードにも酷似した話がある。ツクヨミとスサノオ、どちらも男神で性格は粗暴という設定である。それゆえ、もともとこのふたりは、同一の神であったとする研究者も少なくない。

ツクヨミは食物の神を殺して姉の不興を買った。

高天原を追放された荒ぶる神

スサノオ尊

須佐之男尊

スサノオ尊の日本神話におけるエピソードの多さ、豊かなキャラクター性は、他に類を見ない。前掲の「天岩屋隠れ」の原因となったのも、このスサノオである。

　スサノオは、父イザナギ命が禊ぎ祓いの際、鼻を洗ったときに生まれた「三貴子」の末子である。そして、父から「なんじ、海原を治めよ」と命じられた。

　ところが、スサノオは父のいうことを聞かなかった。それどころか、母のいる黄泉国に行きたいと、泣いて駄々をこねるのだった。彼が泣くと青葉の山も枯れ木の山となり、川も海も干上がってしまうのだ。しかも、この混乱に乗じて悪神たちが立ち騒ぎ、世のなかに災いが起こった。あまりの息子の醜態にイザナギは怒り、スサノオを追放した。

　そこでスサノオは、姉のアマテラス大神に事情を話してから国を去ろうと、天に昇っていった。高天原にたどり着いた彼は心の清さを姉と競い、ふたりで多くの神々を生み出す。勝負はスサノオの勝ちに終わった。だが、図に乗った

日本神話のヒーロー、スサノオ尊。

スサノオ（左）と妻のクシナダヒメ命。

彼は、そこでとんでもない乱行を繰り広げるのだった。アマテラスの田の畦《あぜ》を破り、水を引く溝を埋め、神殿に汚物をまき散らし……。

しばらくは弟の乱行に耐えていたアマテラスだったが、スサノオの悪行のため自らの機織女《はたおりめ》が死ぬにいたって、ついに恐怖にかられた。アマテラスは穢れを忌む機屋《おりや》で、神に献上する衣を機織女に織らせていたのだが、スサノオはその機屋の屋根に穴を開け、生きたままはいだ馬の皮を投げ入れたのだ。機織女はこれを見て驚き、機織り用の器具で自らの体を突いて、死んでしまったのである。

こうしてアマテラスは弟を恐れ、天岩屋に隠れてしまったのである。

ところが、爪をはがれ、髭を抜かれたうえで高天原を追放されたスサノオは、一転、出雲での八岐《やまたの》大蛇《おろち》退治でヒーローとなる。そしてその後は、国津神・オオクニヌシ神との交流などを通じ、根堅州《ねのかたす》国《くに》（黄泉国）の大神として君臨することになるのだ。

この神話でもわかるように、姉弟にもかかわらず、アマテラスが皇祖神として主役を張るのに対し、スサノオは一段落とされ、一般には出雲系神話の祖神とされている。

ところが、実際には彼は『出雲国風土記』では諸神のひとりにしかすぎない存在で、「記紀」に見られるようなエピソードはない。

ということは出雲を舞台にした神話といっても、その話が実際に現地に伝わっていたとは限らないということだ。

スサノオは、高天原系の神（中央政権）から見て夜の世界、陰の世界、黄泉の世界、地下の世界の神という観念の規定なのである。

すなわち、すべての負のイメージはいったんスサノオ、そして、地方権力としての出雲に当てはめられることになったのだ。

だが、スサノオがいたからこそ、日本神話が躍動感に満ちた、魅力あふれるものになったことは確かだろう。

オオクニヌシ神

大国主神

数々の冒険譚を担う出雲系神話の主役

オオクニヌシ神の出自は『日本書紀』本文のみがスサノオ尊の子とし、『古事記』および『日本書紀』の一書では、スサノオの5または6世孫としている。周知のとおり、出雲系神話の最も重要な国津神である。

スサノオの子孫に八十神《やそがみ》と、後に地上を統治することになるオオクニヌシがいた。あるとき、八十神は因幡《いなば》に住むヤガミヒメ命に求婚しようと、末弟のオオクニヌシに荷物を担がせて旅に出た。途中の海岸で、八十神は赤裸の兎が痛みで苦しんでいるのを見た。彼らは兎に塩水を浴びて、風に当たるといいといった。だが、兎がそのとおりにすると、潮水が風で乾くにつれて赤肌がひび割れ、さらに痛みが増したのである。

兎が泣いていると、遅れてやってきたオオクニヌシがそのわけを尋ねた。兎は「隠岐島《おきのしま》からワニをだまして、海を越えて渡ってきたのですが、ついだましたことを話してしまい、ワニたちに皮をむかれたのです」と答えた。すると彼は、真水で体を洗い、蒲《がま》の花粉の

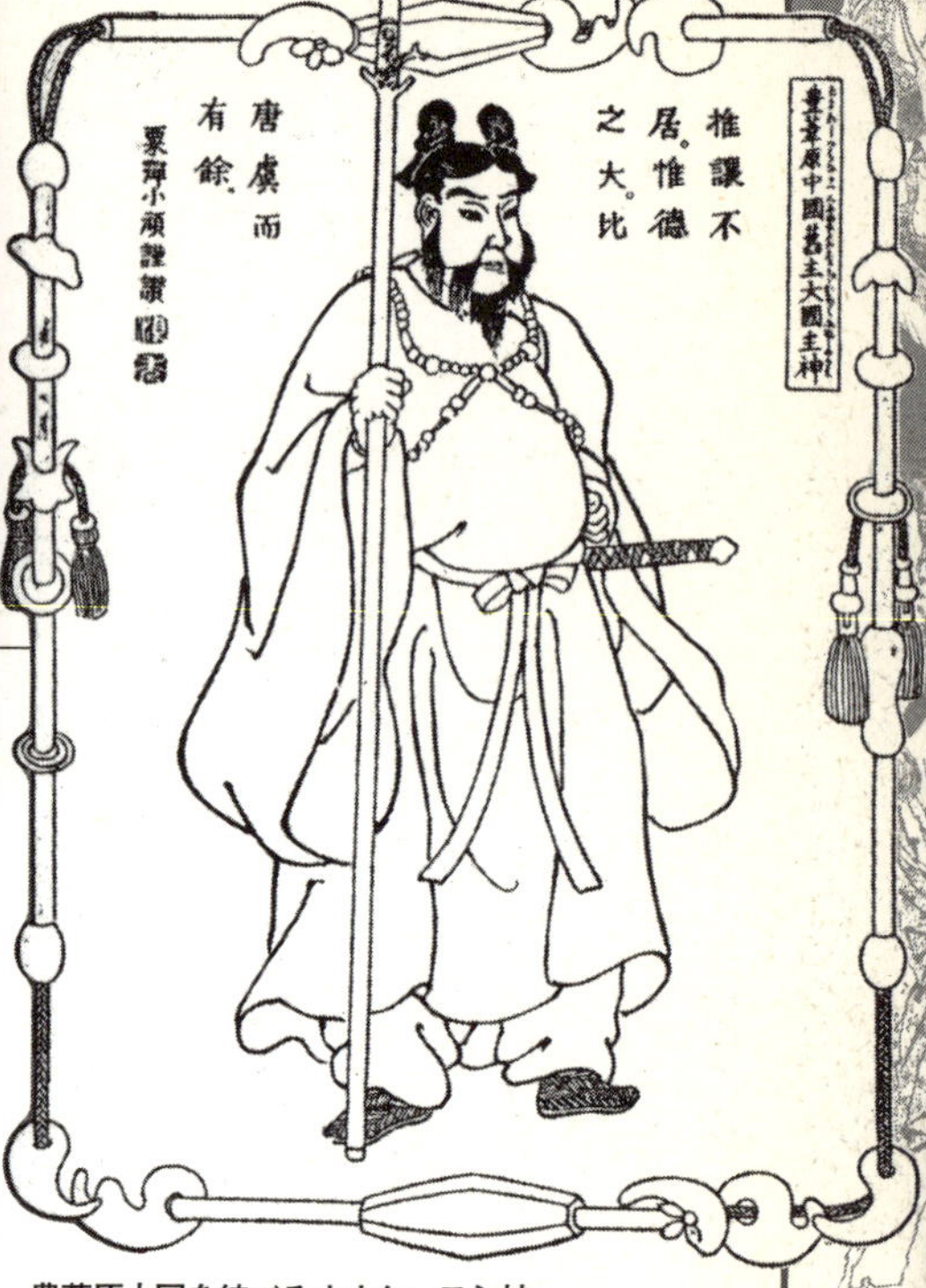

豊葦原中国を統べるオオクニヌシ神。

上で寝転がれば、肌がもとどおりになることを教えてやった。兎が教えのとおりにすると、ほどなく赤肌がもとの肌に戻った。オオクニヌシに感謝した兎は、次のように予言した。「兄神たちはヤガミヒメをめとれません。あなたがヤガミヒメと結婚することになるでしょう」。そして予言どおり、兄神たちはヤガミヒメに求婚を断られたうえ、オオクニヌシと結婚する旨を伝えられたのである……。

　これは、オオクニヌシにまつわる神話のなかでも、最も有名な「因幡の白兎」のエピソードである。さらに、スサノオのいる根堅州国を訪れる話も知られている。

　さて、ヤガミヒメに振られた八十神は、憎さのあまり末弟殺害を企んだ。兄神たちのために2回にわたって命を落としたオオクニヌシだったが、母神とカミムスビ神らの尽力で生還した。そして、母が勧めた逃亡先である紀伊の神の「スサノオ尊のおられる根堅州国に行けば、いいようにとりはからってもらえるだろう」という助言に従った。

　根堅州国に着いた彼は、そこでスサノオの娘スセリヒメ命に出会い、互いに惹かれあった。だが、スサノオは彼に蛇の洞窟で寝るなど、多くの試練を与えた。オオクニヌシはスセリヒメの助けで、これらの難題をことごとく遂行したのである。

　その後、彼はスサノオの太刀と弓を盗み、スセリヒメとともに根堅州国を逃げ出した。追ってきたスサノオは、背後から彼に呼びかけた。「その太刀と弓で八十神を追放せよ。そしてわが娘を正妻とし、出雲に高天原に届くほどの宮殿を建てよ」と。オオクニヌシはスサノオのいうとおりに兄神たちを追い落とし、出雲に宮殿を建てた。そして、国作りを始めたのである。この宮殿こそ、もちろん今に残る出雲大社である。

　オオクニヌシは後に七福神の大黒天と習合し、広く民間でも祀られるようになった。


オオクニヌシは名前の類似性もあって、大黒天と習合した。

スクナヒコナ神

常世国に住む小さき神

少名毘古那神

『古事記』によると「造化三神」のひとり、カミムスビ神の子であり、オオクニヌシ神の右腕となって出雲の発展に尽力した神が、スクナヒコナ神である（『日本書紀』ではタカミムスビ神の子）。スクナヒコナの名は、その体の小ささに由来している。この神がオオクニヌシの前に姿を現したときのようすは、次のように伝わる。

オオクニヌシが出雲の美保岬《みほのみさき》にいたとき、海の彼方からガガイモの実で作った舟に乗り、蛾の皮で作った服を着て近づいてくる小さな神があった。ガガイモとは多年生の蔓《つる》草《くさ》のことで、実は10センチほどの楕円形。ふたつに割ると、舟のような形になるのである。さしわたし、わずか約10センチの舟に乗った神……。スクナヒコナがどれほど小さいか、わかろうというものである。

オオクニヌシは近づい

海の向こうからやってきたスクナヒコナ神。（『日本国開闢由来記』）

てくる神に名前を聞いたが、返事がない。仕方なく、お供の神々に尋ねてみたところ「これぞカミムスビ神の御子、スクナヒコナ神です」との答えがあった。

　そこでオオクニヌシがカミムスビに真偽を尋ねてみたところ、「確かにこれはわが子である。ほかの子に比べてあまりに小さいので、生まれたときわが手の股よりこぼれ落ちたのだ」との返事があった。そして、カミムスビはわが子に向かい「汝、これよりはオオクニヌシと兄弟となって国作りに励めよ」と命じた。

　こうしてふたりの神は協力して、出雲の国作りに励むこととなったのである。スクナヒコナは体こそ小さいもののきわめて優秀で、国作りに大きな貢献をしている。人間に粟や稲をもたらす穀物の神という属性をもっていたほか、まじないの力にも優れていたという。

　また、医療や薬事の道にも通じていた。オオクニヌシが病に倒れたとき、温泉（日本最古といわれる愛媛県・道後《どうご》温泉だったという）の湯を運んで入浴させ、回復に導いたというエピソードもあるほどだ。平安時代初期に書かれた漢和辞書『倭名類聚鈔《わみょうるいじゅしょう》』にも、この神の名にちなんだスクナヒコノクスネという薬草が掲載されている。

　さらには、酒造の法にも巧みであったらしい。

　残念ながら、スクナヒコナは出雲国の完成を見ないうちに、オオクニヌシの前から姿を消した。彼は本来、海の彼方にあると思われていた永遠の国、常世国《とこよのくに》に住む神だった。スクナヒコナは故郷に帰ったのである。ちなみに『日本書紀』や『伯耆国風土記』には、スクナヒコナが粟をまき、実った粟《あわ》殻《がら》に弾かれて常世国に戻ったという説話が残されている。

　人々の健康を守る医療・医薬の神、さらに温泉の神、酒の神として、スクナヒコナは現在も全国的に祀られている。スクナヒコナはまた、かぐや姫や一寸法師などの「小さ子」の原型とも考えられている。

スクナヒコナは本来、常世国に住む神だった。

国譲りを成功させた剣と武力の神
建御雷之男神

タケミカヅチノオ神

イザナミ命が命を落とす原因となった火の神を斬り殺した際、イザナギの剣・十拳《とつかの》剣《つるぎ》から飛び散った血から生まれたのが、タケミカヅチ（ノオ）神だ。タケミカヅチは剣の神、武力の神であり、名前のとおり雷神でもある。この神が活躍するのは、なんといっても「国譲り」の場面においてだろう。

地上の国・豊葦原中国が多くの国津神に支配され、混乱しているさまを見て、アマテラス大神はタカミムスビ神と相談し、自分の子を送って彼らを説得して、治めさせようと考えた。

ところが、最初に送った神は地上の混乱ぶりに恐れをなして逃げ帰ってきてしまった。その後もアマテラスは自分の子らを次々と地上に送ったが、こちらはいずれも国津神のリーダーであるオオクニヌシ神に懐柔され、説得どころか、安穏と住みついてしまう有様。

業を煮やした天津神たちが、最後に送り込んだのが、タケミカヅチであった。アマテラスは彼に、天翔《あまかけ》る船の神・アメノトリフネ神を添えて降らせた。

オオクニヌシの宮殿がある出雲国の小浜に着くと、タケミカヅチは剣を抜いて波頭に逆さに立て、その切っ先にあぐらをかいて座った。そして、オオクニヌシを威嚇《いかく》したのである。「われらはアマテラス大神とタカミムスビ神の使いで

国譲りに大きな役割を果たしたタケミカヅチノオ神。

ある。この豊葦原中国は大神の御子が治めることになっている国だ。おぬしはこのことをどう考えているのか?」。オオクニヌシは答えた。「わしには答えられぬ。わが子のコトシロヌシ神に聞け」

剣の神だけあって、武勇に優れている。(『鹿島要石真図』)

そこでタケミカヅチはアメノトリフネに命じ、コトシロヌシを呼んだ。すると彼は、父に向かって「わかりました。この国は奉りましょう」と答えたのである。

この後、タケミカヅチはもうひとり、オオクニヌシが呼んだタケミナカタ神と力勝負をして勝利した。オオクニヌシは、自分の住む宮殿を高天原に負けないほどの壮麗なものにしてくれれば、他の国津神にも手出しはさせず、平和のうちに国を譲ると約束した。こうしてタケミカヅチは無事に使命を果たし、高天原に帰ったのである。

この「記紀」に伝わる逸話を見る限り、タケミカヅチは明らかに天津神である。ところが実は、もともとこの神は常陸国（茨城県）の鹿島神宮の祭神であり、地方豪族が祀る国津神だったらしいのだ。

そのタケミカヅチが大和国（奈良県）に創建された春日大社の主祭神となった。というのも春日大社を創建したのは、もともと大和朝廷で権勢をふるっていた中臣《なかとみ》氏（後の藤原氏）であり、一族の祖・中臣鎌足の出生地は常総（千葉県北部、茨城県南部）と伝えられている。

朝廷の覇者となった中臣氏が、自らが崇めるタケミカヅチが国津神では格好がつかないと考えたのか、記紀編纂の折になんらかの細工をした。それによって、タケミカヅチはいちやく天津神の座に躍り出たのである。

コトシロヌシ神

恵比寿となって信仰を集める神

事代主神

オオクニヌシ神の子。アマテラス大神が国譲りのために遣わした最後の使者、タケミカヅチノオ神の前で天津神への恭順を宣言し、その後、自らは海中の榊《さかき》でできた垣根のなかに隠れてしまった。このことからコトシロヌシ神は、神の言葉を聞いて伝える、託宣《たくせん》の神とされる。

　こう紹介すると、コトシロヌシは国譲りにおいて、重大な役割を果たしたにもかかわらず、比較的地味な存在である。それでもこの神に対する信仰は、後世まで受け継がれていった。とくにコトシロヌシを信仰したのは、古代の出雲の交易民たちであった。コトシロヌシは彼らの航海日程などに影響力をもつ巫女たちにお告げを下す神でもあったから、交易民がコトシロヌシを祀るのも自然の成り行きだったのだ。

　平安末期から中世前半にかけて、コトシロヌシは各地の恵比寿《えびす》信仰と結びつき、同一視されていく。

　そして、戦国時代には都市の商人の間に信仰が広がっていった。現在でも商売繁盛の神としてこの神を祀る神社は多く、大阪・今宮《いまみや》戎《えびす》神社などが有名である。

後に蛭子と習合したコトシロヌシ神。

ギリシア神話の神々
北欧神話の神々
エジプト神話の神々
インド神話の神々
日本神話の神々
その他の世界の神々
神話伝説の中の神獣・幻獣たち

力勝負に負けて国を譲った出雲の神

タケミナカタ神

建御名方神

タケミカヅチノオ神に敗れたタケミナカタ神。(『古事記絵詞』/山辺神社)

国譲りの際にタケミカヅチノオ神に力勝負で敗れ、諏訪《すわ》まで逃げて命だけは助けられる神が、オオクニヌシ神が「わしの子」と呼んだタケミナカタ神である。とはいえ、実際にオオクニヌシの系譜に入っているわけではないのが、不思議ではあるが。

タケミナカタは勝負の場に現れたときは颯爽《さっそう》としていた。なにしろ力自慢で、このときも1000人がかりでも動かせないほどの巨岩を指先に乗せ、「だれだ、おれの国に来てこそこそやっているやつは?」と堂々たるものだった。

それが、タケミカヅチに手を取られ、まるで葦の葉をつかむがごとくに握りつぶされたとたん、泡をくって逃げ出したのである。タケミカヅチは信濃国の諏訪湖まで追いつめ、タケミナカタを殺そうとした。すると彼は「わしを殺さんでくれ。わしはこの地に住み、決して他の国へは行かない。出雲は奉る」と命乞いしたのである。

現在、タケミナカタは諏訪大社上社《かみしゃ》の祭神である。諏訪湖の冬の風物詩「御神渡《おみわたり》」(湖面に張った氷が、割れ目に沿って盛り上がる現象)は、タケミナカタが下社の祭神である妻のもとに通った跡だといわれている。

アメノウズメ命

神々に笑いをもたらした芸能の神

天宇受売命

天岩戸にこもったアマテラス大神を出現させるために、岩戸の前で裸踊りを披露した女神がアメノウズメ命だ。この女神は俳優や芸人の起源といわれ、芸能の神となった、日本神話のなかでもひときわ異彩を放つ脇役であった。

アメノウズメはまた、天岩戸事件での活躍の後、天孫《てんそん》降臨《こうりん》の際に二二ギ命に従う5人の神（五伴《いつとも》緒《のお》）に選ばれている。『日本書紀』には、高天原と豊葦原中国との境で光を放っている謎のサルタヒコ神の奇怪な容貌《ようぼう》に、他の神々が恐れをなして交渉ができなかったとき、アメノウズメだけは胸をはだけ、ニコニコと笑いながらサルタヒコに向かっていったと記されている。アメノウズメは、未知の神との交渉役でもあったのだ。

ニニギを無事に日向《ひゅうが》の高千穂まで送ったサルタヒコが伊勢に帰郷する際、アメノウズメも同伴。後に結婚して、そこで暮らしたといわれる。

アメノウズメはニニギから「猿《さる》女《め》の君《きみ》」の名をたまわり、以降子孫も「猿女」と称して、神楽、芸能の始祖として祀られている。

「天岩戸開き」にひと役買ったアメノウズメ命。

天狗となった天孫先導の神

サルタヒコ神

猿田彦神

サルタヒコ神は、本来は伊勢の海人《あま》系氏族が信仰した国津神で、太陽神としての性格ももっていたらしい。風貌はきわめてユニークで、『日本書紀』によると、背の高さは7尺あまり（約1・5メートル）、鼻の長さは7握（約50センチ）。唇の縁が明るく輝き、目は鏡のように大きく、ほおずきのように輝いていたという。それにしても、実に身長のほぼ3分の1が鼻の長さとは驚きだ。

サルタヒコは天孫のニニギ命を日向の高千穂に導いた後、アメノウヅメ命とともに故郷の伊勢に帰った。ここでふたりは結婚するが、後年、サルタヒコは漁の最中、海中で貝に手をはさまれて溺れたとされている。

この神は天孫の道案内を務めたことから、後に道中安全の神として道祖神と結びつけられるようになった。また、平安時代以降は天狗と混同され、それまでは烏天狗のような、長いくちばしと小柄な体が特徴だったのが、中世では長身で顔が赤く、鼻が長い大天狗となった。山伏のサルタヒコ信仰が始まると、天狗のほうも山伏の衣装をまとうようになったという。

アメノウヅメ命と夫婦となったサルタヒコ神。

アメノコヤネ命

天児屋命

祝詞を奏上した中臣氏の祖神

アメノコヤネ命といえば、かの「天岩屋開き」の際に、重要な役割を担った神である。まず鹿の骨を焼く占いを行って、作戦の正否を神意に問い、岩屋を開く日時を決め、いざ儀式が始まると美しい祝《のり》詞《と》を奏上して、アマテラス大神を引き出すのにひと役買ったのだ。

祝詞の内容は、アマテラスの偉大さや美しさを目一杯、ほめあげたものだったという。事実、このときに功績があったのはアメノウヅメ命ではなく、その祝詞に気をよくしたためとする記載が『日本書紀』の一書にあるほどだ。

後にこの神はニニギ命の天孫降臨の折、随伴する五伴緒のひとりとなっている。

葦原中国に降った後は、祭《さい》祀《し》の神、祝詞の神、出世の神となった。ちなみに名前の「コヤネ」は小さな屋根（の建物）の意で、託宣の神の居場所とされている。

なお、アメノコヤネは天皇の祭祀を司り、後に政権の中枢を担うようになった中臣氏の祖神となっている。「中臣」とは神と人の間を取りもつという意味もあるようだ。

祝詞の達人・アメノコヤネ命。

アメノフトダマ命

天布刀玉命

祭具を奉納した忌部氏の祖

忌部氏の祖神となったアメノフトダマ命。(『神代絵』/山辺神社)

アメノフトダマ命も「天岩屋開き」で活躍した神である。アメノコヤネが美しい祝詞を奏上したなら、こちらはこの神事を成功させるのに必要な品を用意する役割だった。アメノコヤネと協力して、占いも行っている。

この神が用意した品といえば、枝葉の茂った榊、曲《まが》玉《たま》を連ねた飾り、八咫鏡、そして、楮《こうぞ》で織った白木綿と麻で織った青木綿を垂らした太《ふと》玉串《たまぐし》などだった。ちなみに、アメノフトダマの名はこの太玉串からきている。神事の後に岩屋に張られた注連縄も、彼が作ったものである。アメノフトダマもまた、天孫降臨の際に五伴緒としてニニギ命に同行している。

中臣氏がアメノコヤネの祖神なら、アメノフトダマは同じく祭祀氏族として知られる忌部《いんべ》氏の祖神だった。そしてこの両氏の祭礼における役割も、両祖神とほぼ同じだった。すなわち、中臣氏の役割が祝詞の奏上なら、忌部氏の役割は祭具を用意することだった。

しかし、中臣氏が王権祭祀の中枢を握り、次第に勢力を伸ばしていく一方で、忌部氏の勢力は相対的に低下していったのである。

日向の霊峰・高千穂に降臨した天孫

ニニギ命

邇邇芸命

アマテラス大神の子のアメノオシホミミ命とタカミムスビ神の子ヨロズハタトヨアキツシヒメ命の間に、天孫降臨の待機中に生まれたのがニニギ命である。そのニニギから数えて3代が、天津神と初代天皇である神武との過渡期にあたる「日向三代《ひゅうがさんだい》」と呼ばれる。

ニニギの名は、正しくは天邇岐《あめにき》志国邇岐志《しくにきし》天津日高《あまつひこ》日子番能邇邇《ひこほのにに》芸命《ぎのみこと》と記す。「天邇岐志国邇岐志」は天地の栄えるさまを、「天津日高」は日が高く輝くさまを、「日子」は太陽神を、「番能邇邇芸」は稲穂が豊かに実るさまを表す。すべて合わせると「稲穂が豊かに実る国の壮健なる男の天津神」といった意味になる。穀物の豊饒を意味する言葉から、古代の天皇が天降る穀物神と考えられていたことがわかる。

ニニギが降臨するまでのいきさつは、これまでにも述べた。その後を神話は次のように伝えている。

無事に地上の平定がすんだことを知ったアマテラスは、当初に統治者として予定していた子のアメノオシホミミではなく、彼の子のニニギにその役目を与えた。「かの穀物の豊かな国は、汝が行って治めるがいい」

命に従い、ニニギが降ろうとす

三種の神器を持つニニギ命。

天孫降臨の図。(『神代正語常磐草』)

ると、道筋の途中の辻に立ち、上は高天原を、下は豊葦原中国を照らしている神があった。アマテラスがアメノウヅメ命にその正体を尋ねさせたところ、国津神のサルタヒコ神と判明した。彼は天孫を豊葦原中国に案内するために来たのだ。改めて降臨することになったニニギに、アマテラスはアメノウヅメら5人の神を随伴させ、さらに知恵の神のオモイカネ神ら3人も同行させることにした。アマテラスはニニギに「天岩屋開き」の際に使われた玉飾りと八咫鏡、そして草薙剣《くさなぎのつるぎ》を授け、「この鏡をわが御霊《みたま》と思い、われを祀るがごとく祀れ。そしてオモイカネはその祭祀を取り仕切れ」と命じた。

一行は出発し、幾重もの雲を分けて地上を目ざした。そして、ついに筑紫国の日向の霊峰・高千穂《たかちほ》に降り立った。ニニギはこの地に壮麗な宮殿を築き、住まいとしたのである。

ところでこの後、ニニギは次項で紹介するコノハナサクヤヒメ命と結婚する。だが、それにまつわるある事件のせいで、ニニギは不死性を手に入れそこなっているのだ。その事件とは……。

コノハナサクヤヒメの父は娘を嫁がせるにあたり、姉のイワナガヒメ命をもともにニニギのもとに送った。ところが、イワナガヒメはひどく醜かったため、ニニギはコノハナサクヤヒメのみを妻としたのである。これを知ったふたりの父であるオオヤマヅミ神は嘆いた。「姉を送ったのは、天なる神の命が巌《いわお》のように揺るぎないことを願ったため、妹を送ったのは、木の花のように咲き栄えるように願ったため。姉を送り返したことで、天なる神の命は木の花のようにはかなくなるでしょう」

こうした所以《ゆえん》で代々の天皇の命は、それほど長いとはいえなくなってしまったのである。

天孫ニニギの美しく気丈な妻

コノハナサクヤヒメ命

木花之佐久夜毘売命

山を司るオオヤマツミ神の娘。多くの兄弟をもつが、姉に、醜さを理由にニニギ命に妻にすることを拒まれたイワナガヒメ命がいる。

名前のコノハナとは桜の花の意。日本を象徴する桜の花を名前にもった彼女は、それに恥じない美しい女神であった。なお、父のオオヤマヅミは、後に同じく日本を象徴する富士山を彼女に譲っている。それゆえ富士の浅間《せんげん》神社の祭神は、コノハナサクヤヒメなのである。

桜と富士山の女神、コノハナサクヤヒメ命。

彼女にまつわる神話といえば、やはり「火中出産」だろう。

たった一夜の交わりで身ごもったコノハナサクヤヒメは、夫のニニギ命に「自分の子ではなく、国津神の子ではないか？」と疑われた。これを恥じた彼女は「もし国津神の子なら、無事に生まれることはないでしょう」といって出口のない産屋《うぶや》にこもった。そして火を放ち、そのただなかで出産を迎えたのである。結果、無事にホデリ命、ホスセリ命、ホオリ命の3人の神を生み落としたコノハナサクヤヒメは、身ごもった子が確かに天津神・ニニギの子であることを証明したのだ。

天孫の子でご存じ山幸彦

ホオリ命

火遠理命

ニニギ命の妻、コノハナサクヤヒメ命が炎のなかで生んだ3人の子。その末子がホオリ命だ。ホオリと長兄のホデリ命は、だれもが幼いときに親しんだ『海幸山幸《うみさちやまさち》』の物語の主人公である。ホデリが海幸彦、ホオリが山幸彦だ。

　これは、山幸彦が海幸彦に借りた1本の釣り針を紛失したことから起こる兄弟争いの話だが、最終的には意地の悪い海幸彦が敗れ、兄に誠意を尽くした山幸彦が勝利した。海幸彦は以降、山幸彦を昼夜たがわず警護する守護者となることを誓って許される。海幸彦の一族は、後に皇居を護衛する任についた隼人《はやと》族となったという。

　実は山幸彦の勝利の陰には、海の神であるオオワタツミ神の強力なサポートがあったのだ。釣り針捜しの過程で、自分の娘のトヨタマヒメ命が海幸彦の妻となったからである。

　このエピソードも兄弟間の争いという、より、天孫族と在地の豪族間の覇権《はけん》争いが、ホオリとホデリに形を借りて「記紀」に反映されたものと思われる。オオワタツミ一族は、天孫族の協力者となった海の民だったのだろう。

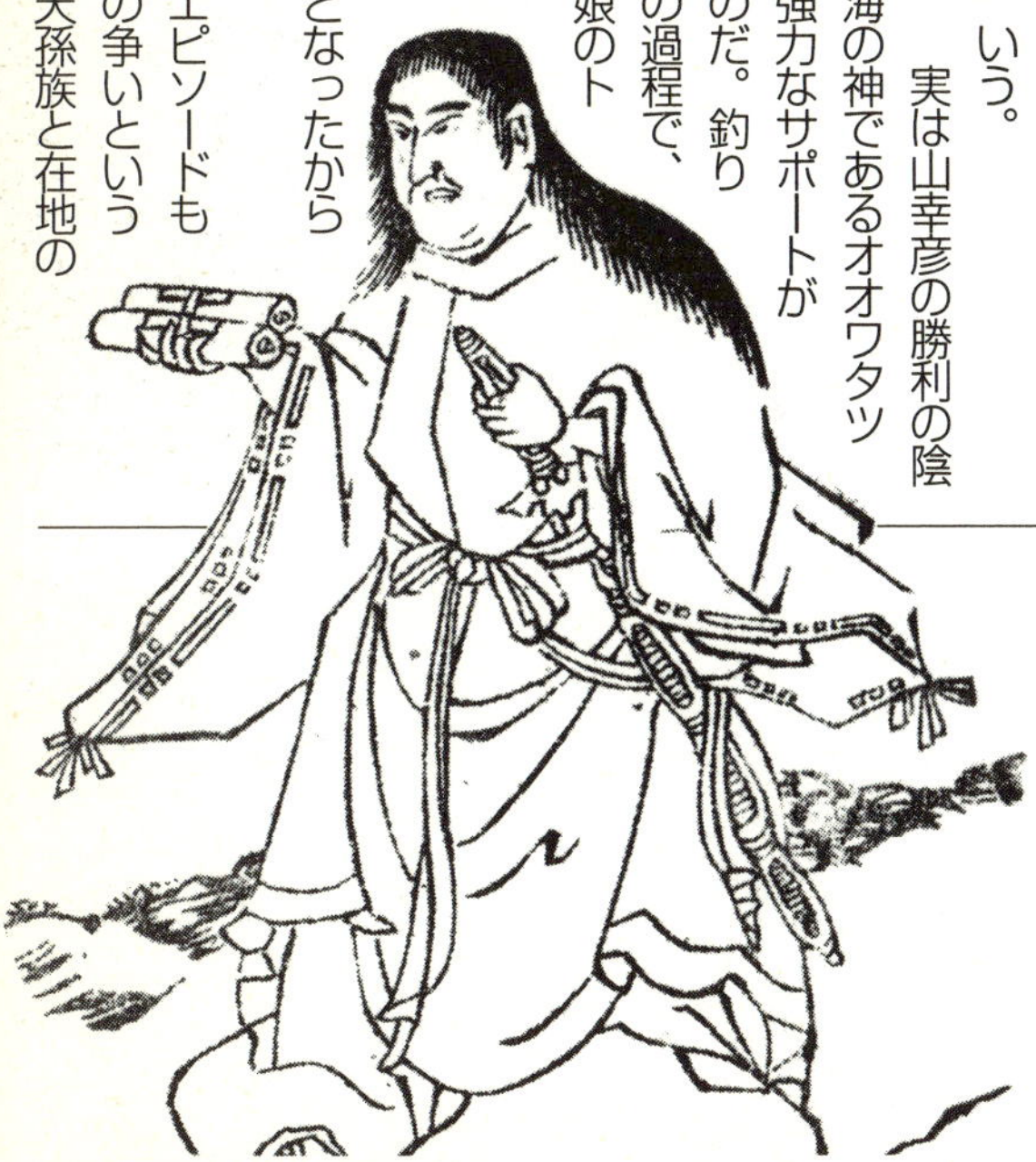

山幸彦の別名をもつホオリ命。

トヨタマヒメ命

海神の娘でホオリ命の妻

豊玉毘売命

先頭がオオワタツミ神の娘であるトヨタマヒメ命。

海神オオワタツミ神の娘。釣り針を捜すホオリ命にひと目ぼれし、妻となった。

しばらく妻とともに海神の宮殿に暮らしていたホオリだったが、兄との勝負の決着を見た後、地上に帰った。トヨタマヒメは夫の跡を追って地上を訪れた。

そして「私は身ごもっており、生まれる時期が近づいてきました。しかし天の神の御子《みこ》を海で生むわけにも生きません。それでこの地に来たのです」と告げた。産屋に入る前に、彼女は出産時の自分の姿を見ないように、夫に警告した。

だが、ホオリは産屋をのぞいてしまったのである。そこでは巨大なワニが身をくねらせていた。驚いて逃げるホオリ。それを知ったトヨタマヒメは生まれたわが子を置いて、海神の国に帰ってしまった。そして、残した子を育てるために妹のタマヨリヒメ命を送った。

ホオリとトヨタマヒメの間に生まれたウガヤフキアエズ命は、後に叔母にあたるタマヨリヒメを妻とし、4人の子をもうけた。その末子こそが、後の日本にとって大きな働きをすることになったのである。

日向三代をしめくくる神武天皇の父

ウガヤフキアエズ命

鵜葺草葺不合命

ホオリ命とトヨタマヒメ命の間に生まれたひとり息子が、ウガヤフキアエズ命である。この奇妙な名前にはいわれがある。彼を出産するために、トヨタマヒメが海岸に建てさせた産屋は、実は鵜の羽で屋根が葺かれるはずであった。

ところが、すべて葺き終わらないうちに、トヨタマヒメが急に産気づいてしまったのである。そのため、ウガヤフキアエズ（鵜の羽が葺かれなかった）という名前がつけられたのだ。

彼は生まれながらに母がいなかったが、代わりに養母となった叔母タマヨリヒメがいた。長じてウガヤフキアエズは彼女と結婚し、4人の子をなした。その末子ワカミケヌ命こそが、後の神武《じんむ》天皇なのだ。

ちなみに、山幸彦たる父と海の女神たる母から生まれたこの神は、「記紀」に事績の説明がほとんどない。そのため、山から海まで続べる天皇家の支配力を示すために、後から創作されたとする説もある。

降臨以来、ニニギ命、ホオリ命と続いた「日向三代」は、ここでしめくくられることになる。

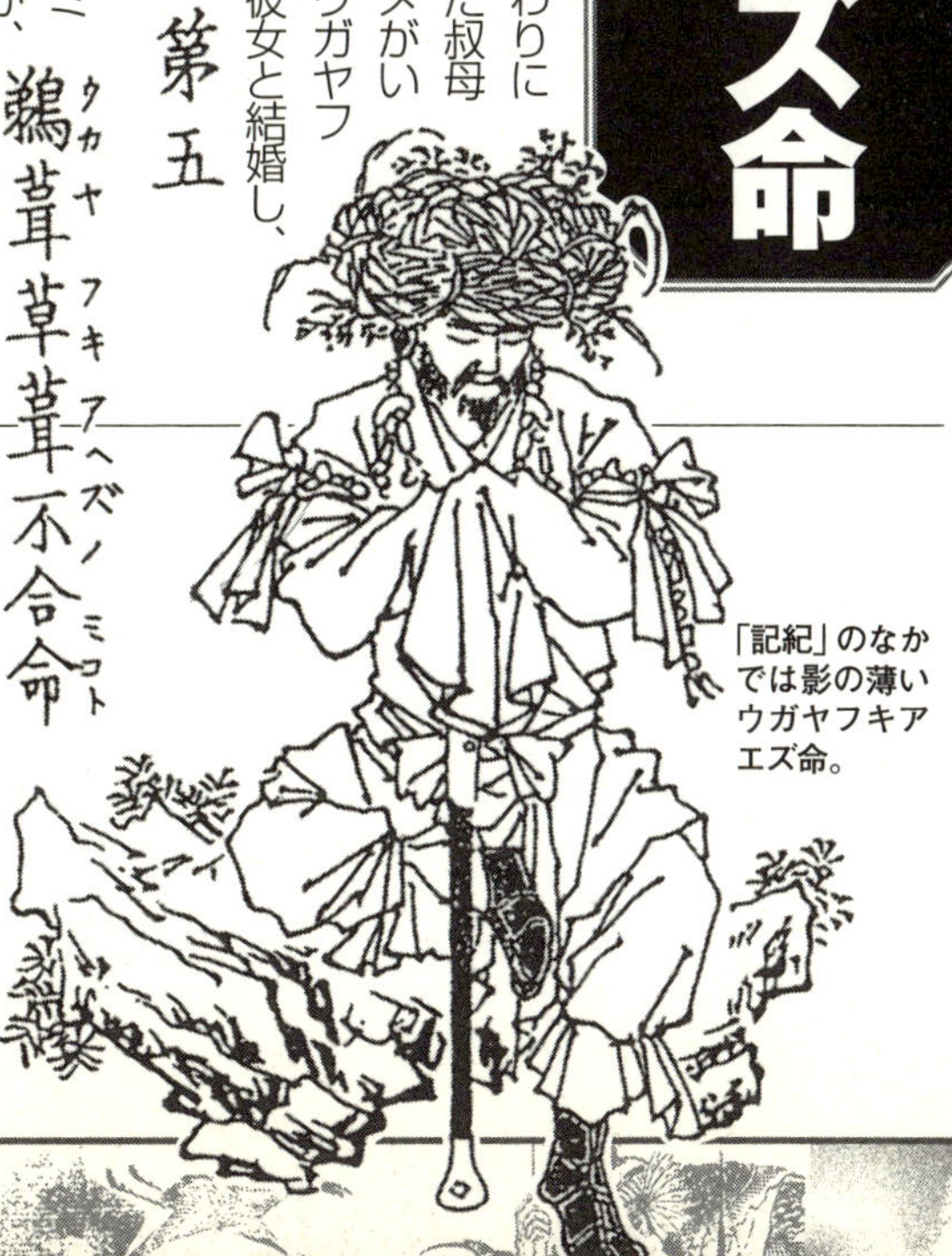

「記紀」のなかでは影の薄いウガヤフキアエズ命。

カムヤマトイワレヒコ命

東征をなし、朝廷を開いた初代天皇

神倭伊波礼毘古命

カムヤマトイワレヒコの弓の先に止まる金色の鵄。

ウガヤフキアエズ命とタマヨリヒメ命の間には、男ばかりの4子があったが、その末の息子がワカミケヌ命、またはカムヤマトイワレヒコ命、すなわち後の初代天皇となる神武天皇である。名前の由来は、神は尊称、倭は大和国、伊波礼は地名で、奈良県桜井市から橿原《かしはら》市にかけての古称をさす。

『日本書紀』によれば、カムヤマトイワレヒコは「生まれながらにして明達《めいたつ》(賢く)、御心確如《かつじょ》(気性がしっかりしている)」であり、15歳のときに太子となり、アヒラヒメ命と結婚してタギシミミ命をもうけたとされる。

カムヤマトイワレヒコはアマテラス大神の神勅に従い、日向・高千穂の宮殿で曾祖父ニニギ命に始まった豊葦原中国の統治に務めてきた。45歳のとき、彼は兄のイツセ命と協議のうえ、天下を安らかに治めるのにふさわしい場所を求めて、東へ向かうことにした。

豊国《とよくに》(大分県)から安芸国《あきのくに》(広島県)、吉備国《きびのくに》(岡山県)を経由した一行は、途中から海路を行き、白《しろ》肩津《かたのつ》(現東大阪市)に船を着けた。ところがそこには、強敵のナガスネヒコが待ちかまえていた。戦いのすえにイツセが負傷したため、一行はこの地を離れ、紀伊国に向かった。そして、この紀伊国でイツセは死んでしまったのである。

その後、一行が熊野(三重県)に着くと、そこにはアマテラスが下された剣と、タカミムスビ神に遣わされた道案内の八咫烏《やたがらす》が待っ

ていた。八咫烏に導かれ、エウカシとオトウカシという兄弟の豪族を倒すなどの戦いを経て、カムヤマトイワレヒコ一行は登美《とみ》（奈良県）に到着した。そこで彼は、兄イツセの仇ナガスネヒコと遭遇したのである。そして、どこからか飛んできた金色の鵄《とび》に助けられながら、この強敵を倒したのだ。

こうして苦難を重ねつつ、カムヤマトイワレヒコはやっと見つけた、天下を治めるのにふさわしい国、大和（奈良県）を制圧・平定した。そして、橿原に新たな宮殿を築いて、初代神武天皇として即位したのである。

天皇の世はここから始まり、豊葦原中国も秋津洲《あきつしま》（日本の古名）と呼ばれるようになった。

神武天皇はその後、オオモノヌシ神の娘ヒメタタライスケリヨリヒメ命を皇后に迎えて3子をもうけた。その末子がカムヌナカワミミ命、第2代綏靖《すいぜい》天皇である。

神武天皇は在位76年、137歳（『日本書紀』では127歳）で崩《ほう》御《ぎょ》し、その御陵は畝傍山《うねびやま》東北とされている。

——と、ここまでが神武天皇の生涯の大筋だが、彼を語るうえで最も興味深いのは、やはり東征の意味である。「記紀」に記載されたこれらの描写は、おそらく中央政権が大和に朝廷を定めるまでの史実を反映したものだろう。ただ、ひとつだけ不思議なのは、天孫族が国譲りで得た出雲国ではなく、日向の高千穂に降りた理由だ。

出雲であれば、このような長年かけた東征は必要なかったはず。この点に日本の成立をめぐる根本的な根源的な疑問が隠されているように思われる。

理想の地・大和を見つけたカムヤマトイワレヒコ。

ナガスネヒコ

神武軍の最大かつ最強の敵

那賀須泥毘古

　ニニギ命より先に降臨していたニギハヤヒ命に仕え、天孫軍と戦ったのが、ナガスネヒコである。最後は天孫側に帰順することを決意した君主に討たれてしまう。

　ナガスネヒコは別名トミビコともいい、登美（奈良市富雄町あたり）の土豪の首長であったとされる。『日本書紀』では長髄彦と記し、長髄は邑《むら》の古名とも、あるいは蛮人の別称であり、手足など体の一部をあしざまにいった言葉ともいわれる。長髄彦を後者の読み方で解釈するなら、「手足の長い太陽神（彦は日子であり、太陽の子を表す）」ということになるだろうか。

　ここで浮かび上がってくるのが、縄文人が祀ったとされる嵐の神・手《て》長足長《ながあしなが》の存在だ。大和朝廷が太陽神を信仰するようになっても、その支配下にない地域の人々は、相変わらず手長足長の神を祀りつづけた。

　そこで神武東征の話を整えた体制側は、最後まで彼らに服従しなかったナガスネヒコに、手長足長の神のイメージを付与し、恐ろしい敵という性格づけをしたのかもしれない。

左がナガスネヒコ。（『神代絵』／山辺神社）

海上交通の要衝・大阪に鎮座する海の神

住吉三神

底筒之男命＆中筒之男命＆上筒之男命

住吉三神《すみよしさんしん》とは、ソコツツノオ命、ナカツツノオ命、ウワツツノオ命の総称である。黄泉国から戻ったイザナギ命が、日向の橘の小門の阿波岐原で禊を行ったときに、3人のワタツミ神とともに生まれた神だ。

これらの神々はいずれも、航海の安全を守り、大漁や、転じて商売繁盛、家運隆盛を約束する海の神として、古くから篤く信仰されている。

『古事記』のなかで活躍するのは、この後に紹介する、神功《じんぐう》皇后による三韓遠征の場面である。神功皇后に神がかりし、半島への遠征を天皇に促したのが、住吉三神であった。紆《う》余曲《よきょく》折《せつ》の後、いよいよ遠征が決定すると、この神は海路を守護して、神功皇后一行を無事に現地に渡し、後には帰国させる。これに感謝した神功皇后は、摂津国（現大阪府）の住吉に、社を創建したといわれる。

住吉三神はまた、和歌の神としても信仰されている。住吉神社の縁起などによれば、和歌による神託がなされたことがあり、平安中期に成立した『伊勢物語』には、この神が詠んだという歌が出てくる。

海神かつ和歌の神でもある住吉三神。

ヤマトタケル尊

日本神話最大の悲劇のヒーロー

日本武尊

女装してクマソを倒すオウス尊。

第12代・景行天皇の3番目の御子として生まれたのが、ヤマトタケル尊である。幼名はオウス命。

ヤマトタケルはもちろん、日本神話のなかで最も有名な悲劇の英雄である。『古事記』によると、この英雄はもともと猛々しい性格だった。

——父である景行天皇の命令を勘違いしたオウスは、兄の手足をもいで殺してしまった。天皇は息子の荒々しさに恐れをなし、九州に住むクマソ兄弟の征伐に向かわせて、自分から遠ざけようとした。

オウスは叔母である伊勢神宮の斉宮《さいぐう》ヤマトヒメ命からもらった衣で女装して、クマソの宴席に紛れ込み、兄弟を倒した。このとき彼は敵のクマソタケルからその名をもらい、以降、ヤマトタケルと名乗ることとなった。ちなみに、クマソタケルとはクマソの地の勇者という意味であり、したがってヤマトタケルは大和、ひいては日本の勇者という意味である。

途中、出雲国の首長を倒すなどして大和国に凱旋《がいせん》したタケルに、天皇は次に東国12か国の征伐を命じる。遠征途中、再び叔母に会った彼は「父はわれが早く死ねばいいと思っているのか?」と嘆いた。するとヤマトヒメは甥に「もしものときに使うように」と、神剣・草薙剣と火打ち石を渡したのである。

各地を平定しつつ、駿河国（静岡県）に入ったとき、タケルは土地の豪族にだまされ、火の燃えさかる野に放置された。このときタケルは草薙剣と火打ち石を使って草を払い、九死に一生を得た。後に彼がこの豪族一族を全滅させたことはいうまでもない。

　次に、タケルは船で安房《あわ》（千葉県）に行くことにした。ところが途中、海神の怒りにふれ、船が進まなくなってしまった。すると、同行していた妃のひとりオトタチバナヒメ命が「私が海に入って神の怒りを鎮めましょう」といって、海に身を投げた。その後、海は静まり、一行は安房に渡ることができたのだ。7日後、妃の櫛が海岸に流れ着いた。タケルは墓を作ってその櫛を埋めたという。

　タケルはさらに東に向かい、荒ぶる東北の蝦夷《えみし》、山や川の神々を平定し、帰路についた。尾張国（愛知県）に到着したタケルは、往路にも寄って再会を約していたミヤズヒメ命と会った。そして、彼女のもとに草薙剣を置いたまま、伊吹《いぶき》山《やま》（滋賀県と岐阜県の県境）に山の神を討ちに出かけた。

　だが、素手のタケルは山の神に敗れ、重い病を得てしまう。苦しい体で旅を続け、タケルはやっと都の目前である能《の》煩《ぼ》野《の》（三重県亀山市）までたどり着いたが、この地でついに命を落としてしまうのだ。

　その知らせが大和に伝わると、人々は嘆き悲しみ、タケルのために御陵を作った。すると御陵から彼の魂が1羽の白鳥となって飛び立ち、海の彼方へと消えていったのである。

　現在、タケルが命を落とした能煩野には「日本武尊御陵」とされる、全長90メートル、高さ9メートルの前方後円墳がある。

神剣・草薙剣を振るい、ヤマトタケル尊は窮地を脱する。

神功皇后

じんぐうこうごう

神託を伝える巫女だった勇ましき皇后

悲劇的な最期を遂げたヤマトタケル尊の子である第14代・仲哀《ちゅうあい》天皇の后だったのが、神功皇后だ。名前はオキナガタラシヒメ命。第9代・開化《かいか》天皇の6世の孫娘である。『古事記』のなかでは、彼女は巫女として描かれている。夫である天皇とともに、再び反乱を起こしたクマソ討伐に向かうが、途中、香椎宮《かしいぐう》（福岡県）でアマテラス大神と住吉三神による神託を得て、攻める国を変更するように進言する。だが、天皇は神託を信じず、神をののしった。そのため神の怒りにふれ、命を落としてしまう。

皇后は夫になりかわり、神託にあった西方の宝の国・三韓（古代の朝鮮半島にあった国）に向かうことにした。このとき皇后は、亡き夫の子を身ごもっていた。そして、三韓への遠征途中に臨月を迎えるのだが、霊石を当てて腹を冷やし、出産を遅らせたといわれる。

三韓遠征に成功した皇后は帰国後、筑紫国（福岡県）で出産。生まれた子が後の第15代・応神《おうじん》天皇である。その後、彼女は応神天皇が即位するまで、実に79年間も摂政を務めていたという。

幼い応神天皇を抱く神功皇后。手前にいるのは重臣の武内宿禰。

第6章
その他の世界の神々

人のいるところ神々も住まう

これまで、主だった国々の神々と神話を紹介してきたが、もちろん、神々も神話もまだまだ数多い。国の数だけ、いや民族の数だけ神話はあり、また神々もそれにともなって無数に存在するのだから。この第6章では、これまでに紹介してきた以外で、読者諸氏が知っておいて損はない地域の神神や神話を取り上げてみる。その前に、ここではそれらの特徴を簡単に述べておこう。

【中国】 主に『史記』をはじめとする古代中国の史書には、天地創造当初から「三皇五帝」と呼ばれる聖天子が実在して統治していたと記録されている。それゆえ中国にはいわゆる「神話時代」がなかったように見られている。だが実際は、神々は存在したが、それらを当時の為政者たちが、治世に都合のいいように改変したと考えられている。ただし、3世紀ごろに成立した中国最古の地理書『山海経《せんがいきょう》』には、神や妖怪、伝説などの記述がある。

【メソポタミア】 多神教だった古代オリエントでは、神々の名前はみだりに口にするのは、タブーであるケースも多かった。そのため、神々にまつわるエピソードなどは、断片的にしか伝えられていない。ただしメソポタミアでは、シュメール人が生んだ神話がバビロニアやアッシリアに伝わり、『旧約聖書』の『ノアの箱船』に発展したり、『ギルガメシュ叙事詩』などを生んでいる。

【中南米】 マヤやアステカ、インカの主だった神々を取り上げている。いずれも多神教で、自然神崇拝が多い。また、マヤには『ポポル・ヴフ』という創世神話および英雄譚の集成が存在する。なお、マヤやアステカには、人身御供を求める神々も多かった。インカ神話はアンデス地方に根強く残っていた神話などを集めたものだ。こちらもマヤやアステカ同様の多神教で、とくにインカ帝国では、皇帝が同一視されて現人神となって君臨するなど、太陽神が絶対的に崇拝された。

【ケルト】古代の西洋に住んでいたケルト人たちによって伝えられた、いくつかある神話群の集合体が、ケルト神話だ。ただし、早くからローマの侵攻によるキリスト教の影響を受けたヨーロッパ大陸のケルト人たちは、さほど神話といえるようなものは残していない。現存する神話の多くが、アイルランドやウェールズ（現イギリス）のものである。当地ではドルイド（司祭階級）の教えが強い支配力をもち、多少の文献も残されていたため、古い神々の物語や、妖精伝説、民話なども多く伝えられている。

ちなみに、ドルイドたちは霊魂の不滅や輪廻《りんね》・転生を信じていた。

マヤの代表的な遺跡であるチチェン・イツァのククルカンの神殿。

中国

巨大卵から生まれ出た世界創造神

盤古《ばんこ》

世界を創造したとされる盤古にまつわる国作りの話はふたつある。ひとつは3世紀の呉《ご》に成立した神話集『三五歴紀《さんごれきき》』から。

盤古は原初の時代、卵の中身のような混沌《こんとん》から生まれた。そして陰陽の気のうち、清らかな陽の気が天に、濁った陰の気が地になった。盤古は天と地の間でその両方を支えたが、天は日ごとに高くなり、また地は日ごとに厚くなった。そのため盤古の身長も伸びつづけ、やがて天と地は果てしなく離れてしまった。

もうひとつの話は、4世紀後半の斉《せい》で書かれた『述異記《じゅついき》』に見られる。

初めに盤古があり、やがて死んだ。すると盤古の死体が変化して、万物が形成された。たとえば左目は太陽に、右目は月になった。頭と体は聖山である五岳に変わり、体の他の部分は大地になった。血液は川に、皮膚は田畑に、髪や髭は星になった。さらに体毛は植物となり、骨や歯は岩へと変化したという。

この2系統の創世神話の根が同じものか、あるいはまったく別の伝承が同じ盤古の名で語られるようになったのかは、不明である。

中国の創造神である盤古。

西王母《せいおうぼ》

不老不死の妙薬を持つ謎の女神

西方にある伝説の霊山・崑崙山《こんろんさん》。西王母はこの地上の楽土とされる山に住み、すべての女仙たちを統率する美しき女神だ。彼女は不老不死の魔法の妙薬を持ち、これを得るためにはるばる訪ねてくる者には、惜しげもなく分け与えてくれる。また、その宮殿の庭には、一年中実を結ぶ桃の木があり、この実を食べれば永遠の命を得られる……。

これが現在、一般的に流布している西王母の姿だ。ところがこの優美な女神、実は道教（中国の民間信仰）による理想化された姿なのだ。紀元前後に成立した中国最古の地理書『山海経』によると、なんと西王母は鬼神である。本来の姿は、人間の女の顔に虎の体、ざんばら髪に宝玉の頭飾り、虎の牙をもつ怪物だ。しかも、蛇の尾を振れば、たちまち川は氾濫するという。

さらに疫病を広め、人間を非業の死に導く死に神でもあったから、「死を司る存在を崇めれば、非業の死を免れる」という人々の思いが、徐々に「不老不死を与える女神」というふうに変化していったものらしい。

不老不死の妙薬をもつ西王母。

女媧《じょか》
土をこねて人間を作った天の女神

人面蛇身の女媧は、土をこねて人間を作った天の女神だ。このとき、黄土をこねて作ったのが貴人となり、数を増やすために、縄で泥を跳ね上げ、その飛沫《ひまつ》から生まれたのが凡庸《ぼんよう》な人間なのだという。

女媧と伏羲の夫婦による国生みの図。

また、女媧といえば、天を補修した話が有名だ。あるとき天が割れた。そのため天変地異が続き、地上では火災や洪水が止まなかった。女媧は5色の石を練ってその割れ目を補い、大亀の足で天を支える柱を作った。そして、黒竜の体で土地を修復したという。

伏羲《ふっき》
八卦をもたらし火を与えた神

女媧の兄にして夫。女媧同様に人面蛇身の神で、雷神の息子が伏羲だ。

伏羲は人間に狩猟や漁労、牧畜の方法を教え、火を使って料理することを伝えた。結婚の制度を設けたのも伏羲である。

だが、なんといっても、彼の人間に対する最大の貢献は、天地の森羅万象を表す「八卦《はっけ》」、すなわち易《えき》をもたらしたことだろう。この八卦を生活に用いて、人間は日常生活を滞りなく進めることができるようになったのである。

伏羲は人間にとって、まさしく文化神だったのだ。

薬草の効果や毒性を試す神農。

人間に農業と医薬を教えた神

神農《しんのう》

本来の姿は牛頭（竜頭という説も）人身という奇怪な姿だが、神農は医薬と農業を司る神である。人間に耕作を教えたことからこの名がある。

農業だけではない、薬学、医薬を伝え、さらに市場を作り、物々交換の方法を教えたために、商業の神ともされている。また、時間の概念を人々に植えつけたのも神農である。

その、人々に対する多大な功績により、神農大帝と呼ばれることもある。神農はまた、皇帝でもあり、五行のうち火の徳を有するので、炎帝という名ももつ。

伝承によれば、神農の皇帝としての在位期間は120年。その体は脳と四肢を除いて透明であり、内臓が外からはっきり見えたという。医薬の神でもある神農は、百草を口に含んで、毒か薬かを確かめた。もし毒があれば内臓が黒くなるため、毒の有無はもとより、影響を与える部位を見きわめることができるのだ。

ちなみに、あまりに多くの毒草を食べすぎたために、神農の体には毒素がたまり、最終的にはその毒がもとで亡くなったという。

黄帝《こうてい》

秩序を守る厳格な最高神

人間にさまざまなものを与えてくれた黄帝。

黄帝は当初、伝説の帝王という位置づけだったが、後に神仙術や道教と絡むことによって、雷神として神格化された。一説によれば、老子《ろうし》に先立つ道教の始祖でもある。

黄帝は神農治世の末期に、天界の悪神であり、神農の遠い子孫でもある巨人の蚩尤《しゆう》と戦って勝利し、玉座に着いた。

伝承によれば、彼は人間に多くのものをもたらし、文化的生活を享受させてくれた存在である。衣服、舟、車、家、弓矢などの生活道具を作るのはもとより、その恩恵は文字、音律、暦などの発明にまでおよんだ。

さらに神農同様、自ら薬草を口にして効能を確かめ、人人に医術を教えたりもした。

神としての黄帝は、日ごろは崑崙山の壮麗な宮殿に住む。この皇帝の顔は4つあり、常に四方に目を光らせ、天上界、人間界のすべてを監督しているのだ。

慈悲深い神農とは裏腹に、黄帝は厳しく秩序を守る神であり、最高神であることから「皇帝上帝《こうていじょうてい》」と呼ばれることもある。本来「皇帝」という言葉は、黄帝自身を指す言葉なのである。

老子《ろうし》

天地に先立つ存在だった道教の始祖

道教の始祖といわれる老子は、その誕生からして奇妙である。

ある説では、老子の母は、巨大な流れ星が落ちてきた衝撃で彼を宿した。また、別の無気味な説では、老子は72年間も母の胎内におり、この世に生まれたとき、すでに頭は真っ白、杖をついていたという。

長じて後、老子は周王の図書館の司書として、その博識ぶりをいかんなく発揮したが、立身出世などにはまったく無関心。ひたすら学問の道を追究した。ちなみに、この時期にかの孔子《こうし》が教えを乞いに訪れたとか。

周が没落の一途をたどるようになると、老子は職を捨てて牛の背にまたがり、ひとりで西方へ向かう。

だが、途中で志を変え、西方のどこかで隠遁生活へ入る。そして、自分の教えを自ら実践するようになったのだ。この間に著したのが『老子』で、これは神仙を目ざす者のバイブルである。

老子の晩年は不明である。しかし、伝承によれば、彼は太上老君《たいじょうろうくん》という神になったという。そこでは太上老君は天地に先立つ存在で、最高神であったという。

牛の背にまたがり、漂泊の旅に出る老子。

イシュタル
Isthar
恋多き豊穣の女神

古代メソポタミアで広く尊崇された、美と性愛と戦い、そして豊穣の女神がイシュタルだ。また、金星の象徴でもある。

彼女は地域や時代によってさまざまな名前をもつ。イシュタルはアッカド名だが、シュメールではイナンナ、カナンではアシュタルテなどと呼ばれている。出自もさまざまで、父親は月の神シンとも、天空の神アヌともいわれている。

イシュタル自身、自由奔放な美女であり、夫はいなかったようだが、なんと120人を超える愛人をもっていた。しかも、そのほとんどが彼女に捨てられるなどして、悲惨な末路をたどっている。

また、彼女を祀る神殿では巫女などによる売春が行われ、各地から男たちが貢ぎ物を携えてやってきたという。

イシュタルをめぐる多くの神話のなかでとくに有名なものといえば、やはり「冥界下り」だろう。ドラマ性の高いこの神話を語った石版が、各地で発見されているほどだ。

ある日、イシュタルは地下にある冥界へと下りていく。姉である冥界の女王エレシュキガルに会うためだ。地上から冥界にたどり着くまでには7つの門がある。だが、

怪物に囲まれるイシュタル。

イシュタルのレリーフ。

その門を通過するたびに、彼女は門番によって、身につけているものをはぎとられていくのだ。

まず最初に宝冠、次に耳飾り、そして首飾り、胸飾り、帯、腕輪と足輪……。最後の門で腰布をとられ、結局、イシュタルは全裸で姉の前に立つこととなった。

ところが、姉はイシュタルの美しさに嫉妬した。そして、冥界の奥深くに監禁してしまう。

やがて、いつまでたっても帰ってこないイシュタルをめぐって、地上では大騒ぎになった。彼女がいないばかりに実りもなく、あらゆる生殖活動が止まってしまったのだ。

困り果てた神々は、身代わりを送るのでイシュタルを返してくれと、エレシュキガルに頼んだ。結局、イシュタルの代わりとして彼女のかつての愛人ドゥムジが殺され、冥界に送られた。

こうしてイシュタルは解放され、哀れなドゥムジは冥界にその身をとどめることになったのだ。なお、ドゥムジは後に、1年のうち半年だけ、地上に帰ることを許されたという。

その他、後述する英雄ギルガメシュを誘惑しようとしたこともあったが、逆に「いったいおまえは愛人に貞節を尽くしたことがあるのかね？」などと説教されたうえに、イシュタルの毒牙にかかった男たちの名前を列挙され、あげくに振られて、激怒したりもしている。このとき彼女はギルガメシュに対して復讐を試み、彼の親友を死に追いやっている。

なお、人々は勝利に終わった戦争の後は、戦いの女神でもあったイシュタルのために、盛大な祭儀を執り行った。このときの図像における彼女は、別人のように勇ましい戦士姿である。

ティアマト

Tiamat

わが子の絶滅を謀った地母神

　バビロニア神話に現れるティアマトは、原初の女神のひとり。上半身は女性だが、下半身は蛇である。塩水、つまり海を神格化した存在で、夫は真水のアプス。

　彼女はバビロニアにおけるすべての神の母である。ただし、少々生みすぎたのか、子や孫である若い神々の数が増えすぎた。そのため宇宙が騒がしくなったので、彼女は子どもたちに静かにするように注意した。だが逆切れした彼らに、なんと夫であるアプスが殺されてしまったのだ。

　ティアマトは激怒した。そして、竜に変身して彼らに戦いを挑み、次々にこれを撃破していった。最後に彼女の前に立ちふさがったのが、最強の敵であり、7つの風と洪水をしたがえて、嵐の戦車に乗ったマルドゥクだった。

　激戦のすえにティアマトは敗れ、その体はマルドゥクによりふたつに引き裂かれた。そして半分が天空に、そしてもう半分が大地に変わった。乳房は山になり、そのそばに泉が現れ、両目からはチグリス川とユーフラテス川という大河が生じたのである。

マルドゥクと戦うティアマト（左）。

戦って勝ち得た主神の座

マルドゥク

Marduk

バビロニア神話に現れる英雄神で、水神エアの息子。原初の真水アプスのなかで生まれたが、本来は農業神だったらしい。後に戦いの神としての属性も加わり、武装した姿で描かれることが多くなった。４つの目と４つの耳をもち、神々のなかで最も輝かしい存在であることから、よく木星と結びつけられる。その名は世界最古の『ハムラビ法典』前文にも見られる。

　前項でティアマトに勝利し、天地を創造した話を伝えたが、彼はこれを機会に、他にもさまざまなものを創造している。まずティアマトの蛇の尾から天の川を作った。星座、太陽、月を作り、それらを所定の場所に置いた。

　さらに、マルドゥクがその手で倒したティアマトの2番目の夫キング。その死体からとった血を土をこね合わせて、人間まで作り出したのだ。

　ティアマトを倒したことで、マルドゥクにはより多くの権限や能力が与えられた。そして、バビロニアにおけるその地位は相対的に上がり、それまでの王エンリルに代わって、堂々と主神の座に着いたのである。

バビロニアの英雄神マルドゥク。

神々の父たる天空の神
アヌ Anu

シュメール語ではアンと呼ばれる天空の神アヌは、世界の基礎を築いた「神々の父」であり、王である。ゆえにその姿は、しばしば玉座や王冠とともに表される。

ただし、地域や時代によって立場や評価が異なり、神としての地位は曖昧である。ある神話ではマルドゥクの祖父であり、別の物語では主君の天神に背く謀反人だ。

それでもアヌの神としての重要性は変わることはなく、「アヌンナキ」と呼ばれる神々の会議には必ず出席し、よく議長などを務めている。

常に重要な神でありつづけるアヌ。

知略と叡智に長けた水の神
エア Ea

エアはバビロニア神話における水の神で、シュメール名ではエンキとも呼ばれる。水の神だけに、その姿は半人半魚、もしくは魚の尾をもつ山羊で描かれることが多い。

エアはまた「すべてを知る者」と称され、知恵を司る神とも見なされている。そのため、ティアマトとの戦いでは指揮官を命ぜられたが、叡智《えいち》だけでは彼女の猛攻を押さえることができず、あえなく敗退した。

なお、人間に美術工芸などを教えたのは、このエアといわれている。

エンリル
Enlil

天変地異を引き起こす荒ぶる神

風と嵐を操る暴虐の神エンリル。

バビロニアのマルドゥクが優位に立つまで、メソポタミア世界ではアヌ、エア、そして大気の神であるエンリルが3大主神であった。エンリルは「風の王」と呼ばれ、嵐を司る神であり、それだけに性格も猛々しかった。

日ごろから人間の不敬や騒がしさに辟易《へきえき》していたエンリルは、ついに人間を滅ぼすべく行動を起こした。旱魃《かんばつ》を起こし、疫病をはやらせ、大洪水を起こし……。だが、これらの天変地異から人類を救ったのが、エンリルの父エアだったというのは、皮肉な話である。

シン
Sin

神々の未来を決める月の支配者

シュメール名でナンナと呼ばれるシンは、エンリルの子で、月を司る神である。同時に、暦の神でもあった。月の満ち欠けによって時を刻んでいくシンは、未来の運命を決める力をもっていたとされ、彼の練った未来の計画は、どの神にも知り得ないことだった。

通常は、髭を生やした老人の姿で表されることが多かったという。また、彼のシンボルである三日月に似た角をもつ牡牛と、深い関わりがあるとも考えられていた。月に由来する神に多い農耕神としての属性もあったようだ。

シン（右）と貢ぎ物をする賢者。

バアル
Baal
聖書で「蝿の王」とされた嵐の神

剣を振りかざし、稲妻を握るバアル。

カナン（聖書におけるパレスチナのこと）を中心に、各地で崇められた、嵐と雷を司る慈雨の神がバアル（主の意）だ。これはセム語（ヘブライ語、フェニキア語、アラビア語など）で、もともと固有名詞ではなく、本当の名はハッドなのだ。ハッドが主神、つまりバアルとして崇められている間に、その呼び方が固有名詞化したものと考えられている。

シリアにあった古代都市ウガリットでは、バアルは最高神イルと美と愛の女神アスタルト（＝イシュタル）との間の息子とされる。

彫像などでは、バアルは右手で剣を振りかざし、左手で稲妻を握る戦士の姿で表されることが多い。彼の敵は竜神ヤム・ナハル。ヤムとの戦いはバアルが竜、すなわち自然界の水を制御する治水の神であることを象徴している。

ちなみに、バアルの名をもった神はとくに『旧約聖書』に多く現れ、ベルゼブブ（バアルゼブルから変化したもの。蝿の王の意）と呼ばれるなど「異教の神」全般の代表、すなわち悪魔として扱われる存在となっている。

ギルガメシュ
Gilgamesh
不死を求めてさまよった実在の英雄

バビロニアの『ギルガメシュ叙事詩』に登場する、3分の2が神、3分の1が人間の武勇、容姿ともにすぐれた英雄。実在したシュメールの王だったが、後に伝説的人物となった。

　自分の強さに慢心して、暴君となったウルクの王ギルガメシュ。それに業を煮やした女神アルルは、彼に対抗する人間エンキドゥを作った。互角の戦いのすえ、ふたりは親友となり、ギルガメシュも改心した。その後、ふたりは協力して数々の冒険をこなす。だが、エンキドゥが死に、絶望したギルガメシュは不死を求める遍歴の旅に出た。放浪のすえ、彼は多くの知識を身につけるが、不死などこの世に存在しないことを知り、失意のうちに故郷ウルクに戻る……。

　紀元前2000年ごろに成立した、この『ギルガメシュ叙事詩』は世界最古の文学作品でもある。ホメロスの『オデュッセイア』に匹敵するともいわれる、主人公の壮大な冒険譚のなかに『旧約聖書』の「ノアの大洪水」を彷彿《ほうふつ》とさせるエピソードが出てくることでも知られる。

武勇にすぐれたウルクの王ギルガメシュ。

中南米

ククルカン

Kukulcan

天から降臨する翼ある蛇の神

マヤ神話の風と雷を司る神であり、また創造神でもある。この名は「羽毛の生えた蛇」の意で、メソアメリカ（中央アメリカで古代文明が栄えた地域）に、古くから伝わる神であるケツァルコアトル（後述）のマヤ語名。暦や神について書かれたマヤの絵文書『ドレスデン・コデックス』によれば、金星とも関連づけられている。

　他の3人の神とともに、3回にわたる人類創造にかかわり、人間に文明をもたらしたといわれている。

　また、次ページで述べるマヤの最高神イツァムナーの、数多い化身のひとつとして見なされることもある。

　ちなみに、メキシコのマヤ遺跡チチェン・イッツァにあるククルカンの神殿と呼ばれるピラミッドでは、春分、秋分の日に「ククルカンの降臨」と呼ばれる天文現象が起きる。これは、暦の扱いに長けていたマヤ人たちの厳密な計算に基づいたもので、夕日に照らされた階段の西側に、地表にあるククルカンの口を開けた頭部の彫像に連結する形で、光と影があやなす胴体が現れるというものである。

人類に文明をもたらした神ククルカン。

善意を司る至高の神

イツァムナー

Itzamna

　マヤ文明における最初の神。すべての神の父であり、最高神でもある。また、太陽、昼夜、穀物、学芸、文化の神。マヤの神話集『ポポル・ヴフ』によると、創造神としての彼は、トウモロコシの粉を練ったものから人間を作り出し、文明を与えている。その名はマヤ語で「イグアナの家」を意味している。妻は月と出産の女神イシュ・チェル。

　イツァムナーは蛇の姿で表されることが多いほか、威厳と優しさに満ちた老人の姿をとることもあり、名前のとおり、双頭の巨大なイグアナの姿で描かれることもある。

　また、ククルカンなどさまざまなものに化身することでも知られ、マヤの聖典や予言には、そんなイツァムナーの化身が随所に登場している。

マヤの最高神イツァムナー。

　彼はまったき善意を司る神であり、人間の害となる破壊や災害などは、絶対に起こさない。ゆえに、死や戦争と結びつけられることもないのである。

　マヤの王朝はイツァムナーを王家の守護神とし、新年になると彼からの加護を祈願する儀式を執り行うのが通例となっていた。

ユニークな姿をした雨の神

チャク
Chac

象のように長い鼻をもつ雨の神チャク。

マヤ神話における雨や雷など、気象全般を司る神であり、豊穣の神としても尊崇された。

象のように長い鼻をもち、下に突き出た牙、両目から涙がほとばしるという、ユニークな姿で表されることが多い。

また単一の神格でなく、4人の神として崇拝されることもある。彼らは世界の四隅で東西南北を支えているのだ。

4人はそれぞれ、東がチャク・シブ・チャク、西がエク・シブ・チャク、南がカン・シブ・チャク、北がサク・シブ・チャクと呼ばれる。冠される色も異なり、東が赤、西が黒、南が黄、北が白であるという。

なお、マヤにおいては、雨はチャクの持つヒョウタンからこぼれた水である。雷は同じくチャクの持つ石斧が振るわれた結果なのだ。

人間の友といわれるチャクは、トウモロコシの石を割って、そのなかで眠っていたトウモロコシの神を起こし、人間に与えさせたといわれる。

だが、基本的には善意の神なのだが、ときに降らせる雨が多すぎて洪水を引き起こすなど、はた迷惑なところもあったようだ。

テスカトリポカ

Tezcatlipoca

スペイン人に悪魔と認定された戦いの神

メキシコに栄えたアステカ帝国における戦士の神で、その名は「煙を吐く鏡」の意。鏡とは、メソアメリカ一帯で使われていた黒曜石で作られた鏡のことであり、魔術師が未来を占う際に使用したものと考えられている。テスカトリポカは多くの場合、黒い体、黒と黄色の縞模様を描いた顔という姿で表される。さらに、右足が黒曜石の鏡か、蛇に置きかわった姿で描かれることもある。

彼はまた、アステカの神々のなかでもとくに有力なひとりだったが、人身御供を好み、敵意、不和、支配、予言、誘惑、戦争、争いといった負の概念と結びつけられることも多かった。ゆえに魔術師や泥棒、悪人などともつながりをもつとされたのである。そのためか、アステカを征服したスペイン人の宣教師たちによって、悪魔と認定されている。

伝承によると、テスカトリポカはかつて太陽と世界を支配していた。ところが、ケツァルコアトルによって棒で殴られ、水中に放り込まれて、支配者の座から追放された。それ以来、ふたりは不倶戴天のライバル同士なのだという。

右足が黒曜石の鏡となったテスカトリポカ。

葦の1の年に帰ってきた文化神

ケツァルコアトル

Quetzalcoatl

　アステカ神話における最も有力な神が、文化神、農耕神であり、また風や太陽の神でもあるケツァルコアトルだ。名前のとおり、ケツァルと呼ばれる緑色の鳥の羽毛で覆われた蛇の姿で表されるが、帽子をかぶり、貝の装身具をつけた、白い肌の人間の姿で描かれることも多い。

　ケツァルコアトルはアステカ固有の神ではなく、紀元前数世紀からメソアメリカの地に根づいていた、農耕に関係ある水神であった。そして、2～7世紀に栄えたテオティワカン文化においては、人類に火や文化を授けた文化神「羽毛の生えた蛇」として信仰を集め、神殿まで作られたのである。

　後にケツァルコアトル信仰は、10世紀以降に栄えたトルテカに伝わった。ここでは、尊崇のあまり、ケツァルコアトルを名乗った王までいたという。さらに14世紀に入って、台頭したアステカ族の神話に取り入れられた。

　アステカにおいて、彼は原初の神トナカテクトリとトナカシワトルの子として、創造神の地位にまで高められた。兄弟にはテスカトリポカらがいる。

　神話によると、太陽と世界の創造は、これまで4回繰り返されて

メソアメリカで最も偉大な神であるケツァルコアトル。

メキシコ、テオティワカン遺跡のケツァルコアトル像。

きた（現在は第5の太陽の世界）。そして、第1の太陽の世界はテスカトリポカ、第2の太陽の世界はケツァルコアトルによって支配されてきた。ケツァルコアトルはこの間、人間を創造し、彼らに農耕や暦、火などをもたらした。

さらに、平和を好む彼は、アステカで頻繁に行われてきた人身御供の習慣もやめさせたという。

第3の太陽の世界は他の神によって支配され、第4の太陽の世界は再びケツァルコアトルの手に戻ってきた。

ところが、彼には恐るべきライバルがいた。戦好きの残虐な神で兄のテスカトリポカである。第1の太陽の世界から追放されたことを、今なお恨みに思っていた彼は、策略をめぐらし、ケツァルコアトルを支配者の座から追い落とすことに成功する。

ケツァルコアトルは「私は葦《あし》の1の年に戻ってくる」と予言して、彼方の地に去っていった。これについては、金星に姿を変えて天高く飛び去ったとする説もある。

時は流れ、1519年。アステカはエルナン・コルテス率いるスペイン人によって、侵略された。だが当初、アステカ人たちはほとんど抵抗しなかった。

というのも、実はこの年は、ケツァルコアトルの予言した葦の1の年だったのである。

スペイン人はケツァルコアトルの人間としての姿と同じ黒い髪に白い肌をしており、しかも彼の紋章と同じ十字形の紋章を持っていた。アステカの人々はそれを見て、スペイン人をケツァルコアトルの再来と勘違いしてしまったのである。そのため、対応が遅れ、あっさりと征服されてしまったのだという。

完全武装で母から生まれた軍神

ウィツィロポチトリ

Huitzilopochtli

アステカ神話の軍神。その名の意味は「南のハチドリ」もしくは「左足のハチドリ」である。母は女神のコアトリクエ。名前のとおり、ハチドリをかたどった頭飾り、左足に同じくハチドリの羽根飾りをつけ、盾《たて》と槍を持った戦士の姿で描かれることが多い。

　ある日、コアトリクエは羽毛でできたボールを拾い、その魔力で妊娠する。ところが、それを知った彼女の子どもたちはそんな母を恥に思い、母親殺しを画策した。

兄たちの陰謀に気づいたウィツィロポチトリは、完全武装で母の胎内から生まれ出た。そして、彼らを打ち破ったのである。

　彼はまた、太陽神でもある。夜の暗闇を打ち破って、朝の光をもたらす神なので、当然ながらテスカトリポカの敵対者でもある。人々はウィツィロポチトリが敗れ、朝が来なくなることを恐れ、生け贄として生きた人間の心臓を捧げつづけたたという。

　なお、彼はアステカの守護神として神託を下し、首都テノチティトラン（現メキシコシティ）を定めることもやってのけた。

朝の光をもたらす神ウィツィロポチトリ。

トラロック

Tlaloc

死者の楽園を支配する雨の神

マヤ神話におけるチャクと同一視された雨と稲妻の神。彼の降らせる雨は普通は慈雨なのだが、ときには洪水などの災害になることもある。アステカの人々は、この神が干魃と雨を司っていることを信じ、子どもを生け贄に捧げていたという。

チャクの長い鼻に対し、トラロックの場合は巨大な両目とジャガーの歯に特徴がある。

もともとはテオティワカンで主神として扱われてきた神だったが、アステカに取り入れられた後は、首都テノチティトランで、土着の神ウィツィロポチトリと同等の高い地位が与えられ、神殿も並んで建てられた。妻は花の女神。ただし、暴虐《ぼうぎゃく》の神テスカトリポカに誘拐されている。

トラロックはふつう山のなかの洞窟に住むと考えられており、そこは富と栄華に満ちた宝物庫であるという。

なお、彼はトラロカンという、死者が行く楽園を支配していた。そこは雷や水害、疫病などで命を落とした人間のみが入れるところで、ここで安楽な日を過ごした人は4年後に再び現世に戻ってくると信じられていた。

トラロックの石像。

蛇のスカートをはいた大地の女神

コアトリクエ

Coatlicue

アステカ神話における大いなる地母神であり、万物を養い、恵みをもたらす女神。その名は、「蛇の淑女」を意味する無気味なものだ。軍神ウィツィロポチトリの母であり、農業と植物のすべてにかかわる女神である。

名前のとおり外見も怪物そのものだ。とぐろを巻いた無数の蛇でできたスカートをはき、人間の心臓と手首を交互につないだものを鎖として、先端に頭蓋骨を吊った首飾りをかけ、手足にはカギ爪がある。そのうえ、メキシコシティにある国立博物館所蔵の彼女の像は、4本の鋭く巨大な牙と、先がふたつに割れた長い舌までもっている。

彼女が好んで食べるのは、もちろん人間を含むあらゆる生き物の生肉である。

これが慈愛に満ちた地母神とは信じられない姿だが、アステカの世界観では、命は大地から生まれ、それが尽きたときも大地に還る。そして大地に還った命は、次の命を育む材料となる。それが自然の摂理であるとするものだ。コアトリクエは生命の連鎖を紡ぐ女神にして、子宮かつ墓である存在なのだ。

首飾りにした頭蓋骨がなんとも恐ろしいコアトリクエ。

ショロトル

Xolotl

太陽を地下に追いやる異形の神

犬の頭部をもった異形の神ショロトル。

ショロトルは、アステカの炎と不幸の神である。名前は「犬のような動物」の意で、そのとおりに犬の頭部に人間の体、空洞になった眼窩《がんか》、後ろ向きに湾曲した足という、異形の姿で描かれる。彼はまた、宵の明星・金星を象徴する神であり、1日の終わりに太陽を地下の暗闇へと押し込む役目を担っている。

なお、明けの明星としての金星を象徴する神のケツァルコアトルとは、双子の兄弟といわれている。

神話によれば、ショロトルは第4の太陽の世界の時代に生きていた人々の骨を拾い集めるために、地下の世界に向かうケツァルコアトルの道案内を兼ねたパートナーを務めたという。

まったくニュアンスの異なる伝承もある。かつて太陽を作ろうとしたとき、多くの神々がその身を犠牲にすることとなった。だが、ショロトルのみはそれを拒否した。

そのため太陽が完成したとき、ショロトルひとりぼっちになっていた。彼は寂しさのあまり号泣し、涙の量があまりに多いため、両方の眼球が流れ出してしまったのだという。

インティ
Inti

黄金の円盤に象徴される至高の太陽神

12～16世紀に南米で栄えたインカ帝国、インティはそのインカ帝国において、天の序列の第1位にあり、太陽や虹を司る神である。農耕、医薬を人々に与え、雷によって権威を示したという。妻は妹でもある月の女神ママ・キジャ。

後により複雑な属性も与えられ、やがて創造神となり、宗教上、絶対的な存在となっていった。同時にインカの皇帝はインティと同一視され、現人神と見なされたのである。

インティは光条をともなった黄金の円盤に、人面を描いたもので表されることが多い。妻のママ・キジャは銀の円盤で表された。このインティの黄金製の円盤は実際に発見されており、征服者のスペイン人によってローマ教皇に贈られたというが、現在では実物は行方不明である。

かつてノルウェーの人類学者トール・ヘイエルダールが、文化の伝播における自説を証明するために、コン・ティキ号と呼ばれる筏の船を使って南太平洋で漂流実験を行ったことがあった。実はこのコン・ティキという名は、インティの別称である。

太陽そのものの姿で表されるインティ。

ヴィラコチャ
Viracocha
人間に文化を伝えた白い造物主

稲妻の矢を持つ絶対の創造神ヴィラコチャ。

ヴィラコチャはインカの宗教上、造物主として最も重要な神のひとりであり、かつ文化神だった。

名前は「水の泡」を意味する。その姿はあご髭を蓄えた肌の白い男性だったという。また、王冠を身につけて稲妻の矢を持つ姿などで表されることもある。

ある伝承によると、世界を大洪水で滅ぼした後、彼は新たな世界を創造した。そして、人間たちを教化する旅に出た。彼は旅の途中、見かける植物に名前をつけ、食べられるもの、薬効があるもの、毒となるものの違いなどを人間に教えた。病気を治し、農業の方法を教え、水路を造り、家畜の飼い方を指導した。人々に文化を伝えた後、ヴィラコチャは海の泡となって姿を消した。

なお、この後の展開は、アステカのケツァルコアトルの場合と酷似している。ヴィラコチャもまた、「再来」をいい残してこの世から消えたのである。そのため、インカ帝国を肌の白いスペイン人が侵略したとき、アステカの人々と同様に彼らを神と勘違いし、ろくな抵抗ができないまま征服されてしまったのだ。

ケルヌンノス
Cernunnos
悪魔と同一視された角のある動物の王

ケルト神話、とくにガリア（現在の西ヨーロッパのほぼ全域）に伝わる狩猟、豊穣、冥界の神。その名は「角が生えた者」という意味である。ケルヌンノスは多くの場合、名前のとおりに頭に2本の角を生やし、あぐらをかいた姿で表される。妻は地母神だったが、後に彼を捨てている。彼は動物の王でもあり、周囲には常に羊や蛇、狼たちが従っている。また、とくに親密な従者である牝鹿がひと声鳴けば、とたんにあらゆる動物たちが集まり、彼のために働いたという。

また、後にガリアにキリスト教が入ると、角のある冥界の神ということから、キリスト教のサタンと同一視されるようになった。

なお、ケルヌンノスには神話らしい神話はあまり残されていない。その姿が判明したのはデンマークで発見された、紀元前1世紀の遺物「グンデストルップの大釜」によるものであり、名前もフランスのランスから出土した、1世紀初めにガリア人の水夫たちが作った「船乗りの柱」と呼ばれる碑文に、絵姿とともに刻まれていたから判明したのである。

周囲に動物をはべらせたケルヌンノス。

3つの宝を持つ全能の善き神
ダグダ
Dagda

「神々の父」と称される神がダグダだ。全知全能であり、知識の王、また、戦いや魔術を司る神でもある。その名は「善き神」という意味だという。恋人は戦いの女神モリガン。

ダグダは豊かさの象徴でもあり、すべての人々の飢えを満たすという、3つの素晴らしい宝を持っていた。ひとつは食べ物が尽きることなく出てくる大釜、そして1頭が焼かれている間にもう1頭が育つということが繰り返し続く豚、3つめが常に実のとぎれることのない果樹である。同時に彼自身、途方もない大食らいであったらしい。

3つの宝を持つ善き神ダグザ。

アイルランド妖精族の偉大なる母
ダヌ
Danu

ケルト神話、とくにアイルランドに伝わる、偉大なる地母神。ダグダなど、すべての神々や英雄の母であると同時に、あらゆるものの生命の源である。ダーナやアヌなどとも呼ばれる。伝承によれば、彼女の子孫たちはアイルランド一帯を支配していたが、やがて異民族に敗れて地下に避難し、妖精族となって不老不死の楽園を作ったという。

アヌ信仰がとくに盛んだった、アイルランド南西部のマンスター地方には、「アヌの乳房」と呼ばれる並び立つ丘がある。

あらゆる命を生み出した地母神ダヌ。

マナナン・マクリル

Manannan MacLir

魔法の宝を持つ海の支配者

海と船乗りの守護神マナナン・マクリル。

ケルト神話における海神で、水夫と漁夫の守護神が、このマナナン・マクリルだ。魔術や医学の神であり、常若《とこわか》の国「ティル・ナ・ノーグ」の王でもあった。

通常、気高く美しい戦士の姿で描かれ、炎の冑や目的地まで自動で進む船、決して的を外さない剣など、多くの宝を持っていた。美しい女神を妻としていたが、人間の女とも交わったため、半人半神の子どもも多くいたという。

なお、アイリッシュ海にあるマン島の名の語源は、このマナナン・マクリルにあるといわれる。

ルー

Lugh

ひとつ目の戦士に変身する光の神

太陽神、かつ光の神である。孫に殺されると予言されていた、祖父である独眼の神バロルに命を狙われたため、父の兄弟であるマナナン・マクリルらに育てられた。技芸と職人の神ともいわれ、ボードゲームの一種を発明するなどした。

神話によると、彼は投石機や槍の名手であり、若く美しい秀でた戦士だった。だが、いざ戦いになるとその体は変形し、祖父と同様にひとつ目になったという。

後にルーは予言どおりにバロルを倒し、敵対種族を殲滅《せんめつ》した。

光の輪を背負った太陽神ルー。

モリガン
Morrigan
戦場に血の川を流す戦いの女神

女神ながら、猛々しいケルトの軍神がモリガンである。彼女は戦場にさまざまな姿で現れる。女性の姿のときは2本の槍を携え、赤い瞳に赤いドレスをまとい、2頭立ての赤い馬車で登場するが、カラスの姿で現れることもある。そして、戦場に炎の雨を降らせ、血の川を生むのだ。

魔術にも長けたモリガンが雄叫びをあげると、戦士たちはみな、戦いの狂気へと誘われるという。

モリガンはアーサー王伝説などにも、英雄を誘惑する魔女として活躍している。

戦の神にして妖艶な魔女モリガン。

ヌアダ
Nuada
銀の義手をもつケルトの主神

ケルト神話における主神、かつ戦いの神である。玉座に座る彼の姿は白いオーラに包まれ、それは見事なものだったらしい。

神話によると、ヌアダは敵方種族との戦いに敗れて右腕を失い、一時期、王位を辞したが、銀製の義手を得て王座に返り咲いた。このことから、彼を「銀の腕のヌアダ」とも呼ぶ。その後、血と肉でできた新たな義手を手に入れたが、妻の戦いの女神ネヴィンとともに戦死する。彼を倒した相手は、ルーの祖父である独眼の神バロルだった。

クー・フーリン

怪物に変身した半人半神の英雄

Ch Chulainn

アイルランドの半人半神の英雄。父は太陽と光の神ルーで、母はドルイドの娘である。容姿に優れ、快活だった彼は、人人の人気者だったという。

だが、ひとたび戦場に出ると、クー・フーリンは悪鬼のごとき怪物に変身した。かかととふくらはぎが体の前面に現れ、あごが巨大化、逆立つ髪からは血が滴り……。戦場の怪物と化した彼を止められる者は、だれもいなかった。

その名声はイギリスにも伝わり、アーサー王伝説の成立にも大きな影響を与えたとされる。

勇猛さで知られた半人半神の英雄クー・フーリン。

ケリドウェン

魔法の大釜を持つ伝説の女神

Ceridwen

ケリドウェンは、ケルト神話に登場する月の女神であり、冥界の女神。同時に優れた魔女でもあった。

伝承によれば、彼女の持つ大釜は1年と1日の間、材料を煮立てれば、知恵と霊感と学問が得られる、魔法の秘薬を作ることができる。

その力で、ケリドウェンは醜いがゆえに不憫《ふびん》な息子に叡智を得させようと考えた。ところが、作業に疲れた彼女はつい居眠りをしてしまい、手伝いをしていた若者に完成した秘薬を奪われてしまったのである。

大釜で秘薬を作るケリドウェン。

第7章 神話伝説の中の神獣・幻獣たち

摩訶不思議な世界で生きる獣

神々や英雄たちの住む世界には、彼らをより輝かせる存在として、この世の常識を遙かに超越した、想像を絶する神獣や幻獣、モンスターたちが登場する。すでに、神々以上に、ゲームやアニメなどの世界でおなじみになっている彼ら、異形の怪物たちは、いったいどんな出自なのか？

第7章は紙幅の都合で掲載しきれなかった神獣・幻獣たちも多いが、その一部を地区別に分類して、プロフィールやエピソードをお届けする。

【ヨーロッパ】　ここに紹介した神獣・幻獣たちの多くがギリシア神話に由来するものである。それ以外にも北欧、ケルトなどの神話からくるものを載せているが、実はこれらは神の血を引いたものが、意外と多いのだ。たとえば、テュポンは原初の女神ガイアの孫に当たるし、ペガサスにいたっては海神ポセイドンの子である。

だが、ヨーロッパにおいては、こういった多神教の宗教のもとで発展を見たものたちは、一神教であるキリスト教の流布《るふ》とともに、当然ながら異教の産物とされた。そして、その世界観と合一しないものとして、どんどん矮小化されていったのである。それでも人の心のなかから、不可思議な存在としての神獣や幻獣たちへの憧憬《どうけい》の気持ちは消

18世紀末に出版された『子どものための絵本』より、神獣・幻獣たちのイラスト集。

滅しなかった。それゆえモンスターたちはゲームの世界のみならず、貴族の紋章や壁面の装飾として、現代社会になお生きのびているのである。

【中国・アジア】 主に中国やインドの神獣・幻獣を取り上げた。とくに中国のモンスターたちに関しては、陰陽五行説に結びついた、ほとんど神に近いものが多い。

また、本書にも何回か登場した、中国最古の地理書『山海経《せんがいきょう》』は、地理書といいつつ、実はモンスター図鑑と名前を変えてもいいほど、多くの怪物たちが登場する。なかにはむろん実在するものもいるが、多くは古代中国の人々の想像の産物なのだ。なお、インド神話やイスラム世界にも、驚くべき怪獣たちが多々存在する。

【日本】 中国から伝わってきた竜などの神獣・幻獣以外に、日本独自で発達を見せた八岐《やまたの》大蛇《おろち》や鬼などの伝承がある。また、中国生まれながら、日本でさらにパワーアップした九尾の狐のような怪物もいる。

さらに、本書では少ししか触れていないが、日本が生んだ、ユニークかつ神秘的な存在として「妖怪」がいる。数も種類もきわめて多いのが、妖怪の特徴だが、これらの多くは当初は信仰の対象であった神々が零落《れいらく》し、それに対する畏怖《いふ》の念だけが残ったものだといわれている。この妖怪については、いつかまた取り上げる機会があるかもしれない。

見る者を石に変える恐怖のゴルゴン

メドゥーサ

Medousa

鋭いのこぎりのような歯をむき出し、青銅の手と黄金の翼を開き、頭に生えた無数の毒蛇がクネクネと鎌首をもたげて威嚇《いかく》してくる、身の毛もよだつような恐ろしい怪物。その姿をひと目見た者は、一瞬にして石と化す。メドゥーサはギリシア神話が生んだグロテスク、かつ魅力あふれる女怪だ。

だが、メドゥーサとて、最初からこのような醜悪な姿だったわけではない。海の神フォルキスとケトの娘である彼女は、もともとは美しい少女であった。ところが、あるとき愛人である海神のポセイドンと、あろうことかアテナの神殿で交わってしまうのである。

「神聖な神殿を汚された！」と、ゼウスの娘である処女神アテナは怒りを爆発させた。そして、彼女を醜い怪物に変えたのだ。

これに抗議したメドゥーサの姉妹も、同じく怪物に変えられてしまった。以降、3人はゴルゴン3姉妹と呼ばれることになる。「ゴルゴン」とは恐ろしいものという意味である。

また別の伝承では、美少女メドゥーサは次第に傲慢《ごうまん》になり、とうとう「私は女神アテナより美しい」と公言しはじめる。この言葉がアテナの怒りを買い、彼女は見るも無惨な醜い姿に変えられたのだ。みなに賛美されていた美しい髪ですら、1本1本が蛇になってしまった。

なお、この話は傲慢な機織り娘アラクネの物語と混同されやすく、同一視されることもある。また、

蛇の髪をもつ怪物メドゥーサ。

見る者を石にする魔女の首。

この伝承では、姉たちがいる場合といない場合があり、このことからメドゥーサは元は単独の女神であったとも考えられる。

　ところで、化物となったメドゥーサは己の行動を悔いたが、アテナは許そうとせず、メドゥーサ退治に出かける英雄ペルセウスを応援する。彼の前にヘルメスとともに現れ、盾を与えたうえに、石にされない方法まで伝授したのだ。

　ペルセウスは教えられたように、メドゥーサの姿を盾に写しながら近づき、彼女の首をはねた。このとき、メドゥーサはポセイドンの子を宿していたので、切られた首のところからクリサオルと天馬ペガサスが生まれた。

　その帰路、ペルセウスがヘルメスに借りた空飛ぶサンダルで海を渡っていると、くるんであったメドゥーサの首から、海に血が滴り落ち、それが赤い珊瑚になった。血が砂漠に落ちると、毒蛇や猛毒のサソリが生まれた。また、その帰路の途中、ペルセウスは海から突き出た岩に縛りつけられた美女を救うために、海の怪物にメドゥーサの首をかざし石に変えた。

　ペルセウスは故郷に戻ると、無事に役目をまっとうできた感謝の意を込め、加護してくれていたアテナにメドゥーサの首を贈る。アテナは自分の盾にメドゥーサの首をつけ、最強の盾とした。

　ちなみに、メドゥーサは本来は大地の女神で、ゴルゴンは魔除けの護符であったという。時代が移るとともに、ゴルゴンは怪物へと変わっていったらしい。

スフィンクス
Sphinx
謎かけの好きな怪物

オイディプスに謎の答えを迫るスフィンクス。

頭は人間の女、胴体はライオン、そして翼をもつギリシア・ローマ神話の怪物であり、ゲリュオンの牛の番犬オルトロス（または魔神テュポン）と魔女エキドナ（または怪物キマイラ）の娘。

スフィンクスは、古くは子どもをさらう怪物であった。また戦士が倒れるのを待ち受ける死霊のようなものとも考えられていた。魔除けの護符などの図柄にもなっている。

ギリシア神話でのスフィンクスは、フェキオン山に居座り、テーバイの住民たちを苦しめていた。旅人を捕らえては「謎かけ」をもちかけ、これに答えられないと、岩場に連れ込み、頭からバリバリと食い殺してしまうのだ。その謎かけとは、「同じ名でありながら、朝に4本足、昼に2本足、夜に3本足となるものは、何か？」というものだった。

テーバイにやってきた勇者オイディプスはこれに挑戦して、見事に正解する。謎の答えは「人間」。「幼時にはよつんばい、成長したら両足で歩き、老人になったら杖をつくから」と答えると、スフィンクスは恥じて崖から身を投げ、死んだという。

迷宮に住む牛頭人身の獣人

ミノタウロス

Minotaur

ミノタウロスは、牡牛の頭と人間の体をもつギリシア神話の怪物で、「ミノスの牡牛」の意味。クレタ島のミノス王の妻パシパエ（太陽神ヘリオスの娘）の子である。

ミノスはクレタの王となるとき、神に捧げる牛を授けてほしいとポセイドンに祈り、白い牡牛を授かる。しかし、美しい牡牛が惜しくなり、約束を違えて代わりの牛を貢ぎ物として捧げた。これに激怒したポセイドンは、ミノス王の妃が白い牡牛に恋するよう呪いをかける。邪恋に狂ったパシパエは、想いを遂げようと牝牛の模型を作らせ、自らそのなかへ入り牡牛と交わる。その結果生まれたのが、怪物ミノタウロスだ。

ミノタウロスは成長するにしたがい乱暴になった。手に負えなくなったミノス王は迷宮ラビュリントスを建設し、この怪物を閉じ込めた。ミノタウロスは、属国のアテナイから毎年（または9年ごと）送られてくる貢ぎ物の少年少女を餌にしていたが、やがて生け贄のなかに紛れ込んだアテナイの王子テセウスによって退治される。

テセウスと戦うミノタウロス。

ケンタウロス

Kentauros

下品で乱暴者の半人半馬族

乱暴者のトラブルメーカー、ケンタウロス。

体は馬で、首から上が人間の上半身に置き換わったような姿をしている半人半馬の一族がケンタウロスである。ゼウスの妻ヘラに恋焦がれたイクシオンが、ヘラにそっくりな形をした雲と交わってもうけた一族とも、または、その結果として生まれた息子が、牝馬と交わって生ませた一族ともいわれる。

彼らはテッサリアの山に住む乱暴者で、好色で酒好き。あるとき、近隣のラピテス族の結婚式に招かれた折り、酔って花嫁に狼藉《ろうぜき》をはたらこうとした。

このことからラピテス族との争いが勃発。戦いに敗れたケンタウロス一族は、テッサリアを追われギリシア各地に散っていった。

そのひとりネッソスは川の渡し守となるが、英雄ヘラクレスの美しい妻デイアネイラを対岸へ運ぶときに犯そうとし、矢で射抜かれて死ぬ。

しかし、野蛮なケンタウロスのなかには、フォロスやケイロンなどのきわめて優秀な人材もいた。とくにケイロン（ティタン族のクロノスの子）は、医術、狩猟、武術、予言などに優れ、アキレウスなど数々の英雄の師となった。

神々に戦いを挑んだ巨大な魔神

テュポン

Typhon

星まで届く巨体で、腕を伸ばせば世界の東西の涯にも達する。その大きさもさることながら、ギリシア神話に登場する魔神テュポンの形状はすさまじい。胴体は人間と同じだが、肩から上は100の蛇の頭が生え、腿から下は巨大な毒蛇がとぐろを巻いた形をしている。目からは火を放つという。

原初の女神ガイア（大地）とタルタロス（冥界の底の底、奈落）との間にできた子で、キマイラ、ケルベロス、ヒュドラなどの怪物の父でもある。その出自に関してはさまざまな説があるが、最も有名なのは、ガイアがゼウスを懲らしめるために生んだとするものだ。

ティタン族や巨人族との戦いに勝ち、オリュンポスの神々は思い上がりはじめていた。そこでガイアはテュポンを生み、彼らに戦いを挑ませた。戦いはテュポンが勝利し、ゼウスを捕らえた。だが、女神たちの奸計により、願いが叶わなくなる「無常の果実」を食べたテュポンは力を失ってしまう。ゼウスに追われ、最後はシチリア島の地下深く閉じ込められてしまうのである。

ゼウスをも圧倒する強さのテュポン。

キュクロプス

Cyclops

鍛冶が得意なひとつ目の巨人

ティタン族の血を引くキュクロプス（中）。

天の神ウラノスと大地の女神ガイアの間に生まれた3人の息子。また、彼らから誕生した一族。キュクロプスとは「丸い目」を意味し、ひとつ目の巨人と考えられている。

彼は生まれてすぐに醜さゆえ父ウラノスに嫌われ、地底深く落とされて、タルタロスに幽閉されていた。ティタン族のひとりクロノスが王権を握った後も、久しく拘禁されたままであった。

しかしティタン族との戦いの折りに、ゼウスらによって兄弟のヘカトンケイルと一緒に解放される。キュクロプスたちはその礼として、ゼウスに雷電、ポセイドンに三叉の矛、ハデスに姿が見えなくなる隠れ帽子を作って贈る。この宝物の威力もあり、オリュンポスの神々は、ティタン族との長きにわたる戦いに、勝利をおさめることができたのである。

以後キュクロプスは、ヘファイストスのもとで鍛冶業を続けたといわれる。

その後、一族はクレタ島、シチリア島など各地に出没して、オデュッセウスの部下6人を食べてしまうなど、野蛮な事件を引き起こしたりもしている。

ケルベロス

Cerberus

冥界の王に仕える地獄の番犬

3つの頭と竜の尾をもつ、ギリシア・ローマ神話における犬の怪物。その3つの口からは、常に毒を垂らしているという。テュポンとエキドナ（上半身は美女で下半身は蛇の魔神）の子で、冥界の王ハデスに仕え、黄泉の国の周囲をパトロールしている。死者の魂が冥界にやってくるときにはこれを迎え、ハデスの国から脱出をはかる住人を見つけると、捕らえて食べてしまうのが役目である。

3つの頭が交代で眠るので、見張りの役目は万全である。しかし、音楽を聴くとすべての頭が眠ってしまう。ギリシア神話には、竪琴の名手オルフェウスが死んだ恋人エウリデュケを追って冥界まで行く話があるが、そのときも竪琴で眠らされている。

ヘラクレスはその12番目にあたる最後の難業で、この獣を冥界から地上に連れてきた。そのとき、太陽の光に驚いて吠えた際に飛んだ唾液から、猛毒のトリカブトの木が生えたといわれている。このほか、たまたまその姿を見た者はみな石になってしまうなど、地上に数多くの不幸をもたらした。

ケルベロスの3つの頭は何ものをも見逃さない。

キマイラ
Chimaira
獅子と蛇と山羊の合成怪物

ライオンの頭、蛇の尾、山羊の胴体をもつ、ギリシア・ローマ神話の怪物がキマイラだ。また、別の説ではライオンと山羊と竜の3つの頭をもつ合成怪獣とされる。

テュポンとエキドナの子で、兄弟にもケルベロス、オルトロス、ヒュドラなど、たくさんの怪物がいる。

キマイラはリュキアに棲み、カリア王アミソダレスに育てられた。並はずれた巨体と腕力の持ち主で、口からは炎を吐き、しばしば大暴れしてはリュキアの人々を困らせていた。

リュキア王イオバテスは、翼をもった馬ペガサスに乗る、コリントス王の息子ベレロフォンとキマイラを戦わせて、ベレロフォンを殺そうとしたが、逆にペガサスの助けを借りたベレロフォンがキマイラを攻撃し、これを退治してしまう。

キマイラはその姿が不可解で説明しにくいことから「訳の解らないものごと」のたとえにされることがある。今日、生物学で、遺伝子型の異なる組織が合体した生物体のことを「キメラ」と呼ぶが、これはこの怪物にちなんだ命名である。

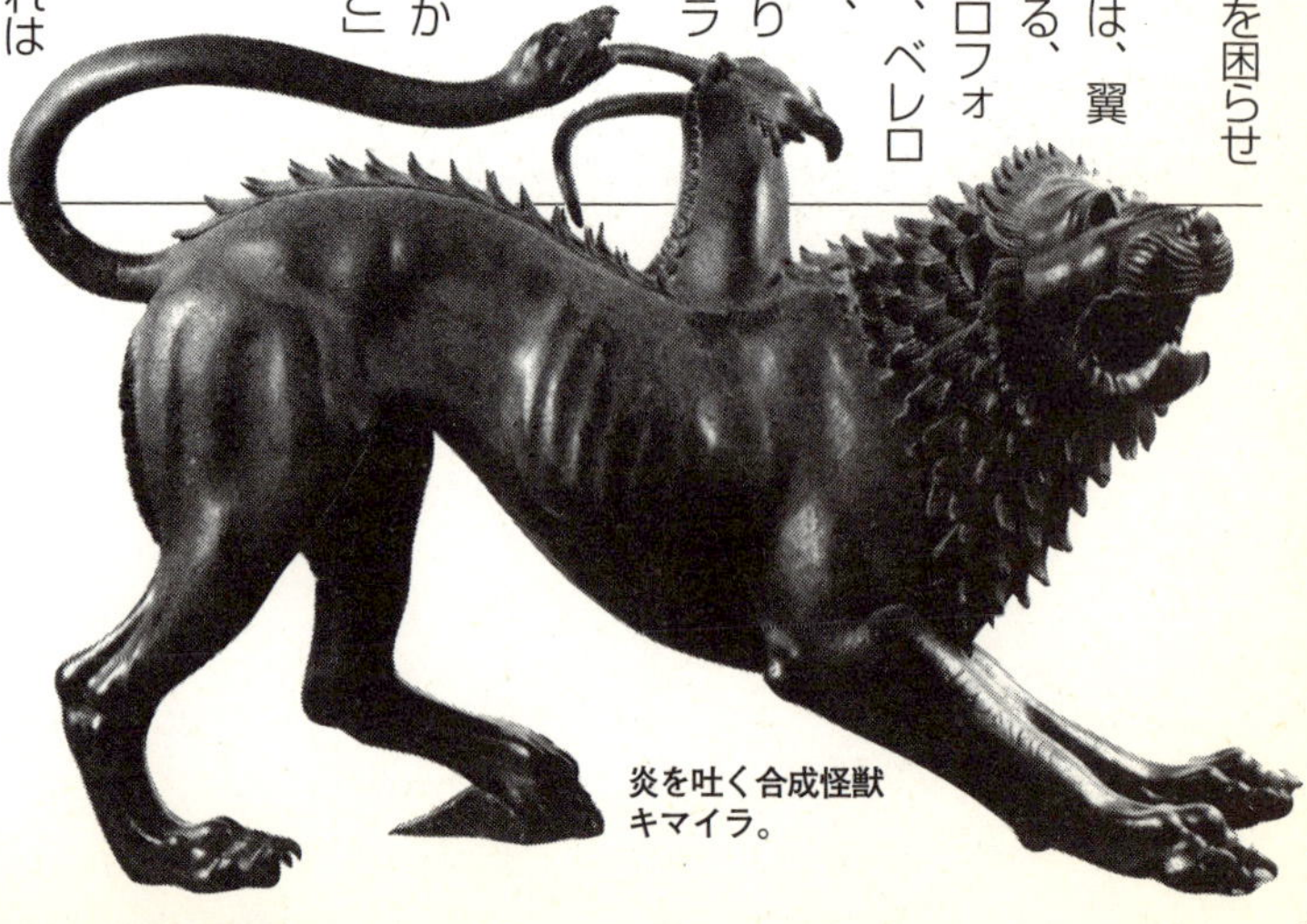

炎を吐く合成怪獣
キマイラ。

船を襲う怨念の美女怪物

スキュラ

Scylla

メッシナ海峡に現れるギリシア・ローマ神話の女怪物で、上半身は美しい女性だが、下半身は魚、腹部からは6つの犬の頭と12本の前足が生えている。近くを通りかかる船に襲いかかり、乗組員を6人ずつ食い殺す。一説ではスキュラの腰に巻かれた犬の頭が、多くの餌食《えじき》を求めるのだという。

スキュラは、もともとは美しいニンフ（または乙女）であった。ひと目惚れした海神グラウコスは熱烈に求愛するが、彼女の心を射止めることはできなかった。そこで彼は魔女キルケに、スキュラへの想いを叶えてほしいと頼む。ところがキルケはグラウコスに横恋慕し、じゃまなスキュラを怪物の姿に変えてしまう。彼女は自分の変わり果てた姿に嘆き悲しみ、やがて凶暴な性格へと変貌していくのである。

オデュッセウスが率いる船も襲われたが、さしものスキュラも英雄の前では、なすすべもなかった。最後は岩になってしまうが、怪物だったころの形のままなので、付近を通る船の船員からは相変わらず恐れられているという。

かつては美しいニンフだった怪物スキュラ。

ペガサス

Pegasus

翼をもった美しい天馬

古代ギリシアの壺に描かれた天馬ペガソス。

ギリシア・ローマ神話の翼をもつ神馬。ポセイドンの子どもを身ごもっていたメドゥーサの首をペルセウスがはねたとき、その切り口から、怪物クリュサオルとともに生まれた。

ペガサスは天地を自由に駆け回り、だれもそばに寄せつけなかった。しかし泉で水を飲んでいるとき、ベレロフォンに捕らえられて、その愛馬となるのである。

ベレロフォンは黄金の手綱を使ってペガサスを駆り、火を吐く怪獣キマイラ退治、勇猛なソリモイ人や女戦士アマゾンとの戦いなど、さまざまな武勲《ぶくん》をたてる。

しかし、ベレロフォンは次第に増長し、ついにはペガサスを駆って天にある神の国に昇ろうとする。ゼウスの怒りに触れた彼は、ペガサスに振り落とされ、地上に落下して死ぬ。その後ペガサスは、ゼウスのために雷電を運ぶ役目についたとされる。

「翼をもった馬」というイメージは美しく、それより後も数々の伝説や物語に登場する。ペガサスは霊感の象徴とも、天上の星座ともなり、ローマ時代には不死の象徴ともなったのである。

大食漢で不潔な半人半鳥

ハルピュイア

Harupuia

ギリシア語で「かすめ取る者」「むしり取る者」を意味する伝説の怪物。大地の女神ガイアと海神ポントスの子であるタウマスと、海神オケアノスの娘エレクトラの間に生まれた子で、虹の女神イーリスとは姉妹である。

ハルピュイアは顔と上半身が人間の女性で、下半身は鳥の姿をしている。翼をもち、戦闘能力は高くはないが、高速で空を飛ぶ。長い爪があり、青白い顔をしていて、老婆のように醜いといわれるが、美しく描かれたものもある。大食らいで、食物を見ると意地汚く食いちらかし、残飯や残った食物の上に汚物を撒きちらかして去っていくという、このうえなく不潔で、下品な怪物である。その爪でつけられた傷は毒を受けたようにうずくといわれている。

冥界の王ハデスの使いとして、死ぬのを拒んだ者を、死の国に連れてくるのが役目であった。

ハルピュイアはアルゴ船の冒険にも登場し、罪を犯したピネウスを苦しめるエピソードがよく知られている。アルゴ船の乗組員のうち、有翼の兄弟がハルピュイアを追い払う。

大食らいで下品な怪物ハルピュイア。

ヒュドラ
Hydra
不死の頭をもつ多頭蛇

ヘラクレスの2番目の難行がヒュドラ退治だった。

ギリシア・ローマ神話に出てくる蛇の魔物。レルネの沼沢《しょうたく》地帯のアミュモネの泉に棲む。

　ヒュドラをこの地に送り込んだのはゼウスの妻ヘラである。その巨体に9つの頭をもち（5から100までの異説がある）、真ん中のものは不死だった。

　ヘラクレスは2番目の難行として、この怪物退治に赴く。首を切り落としても、すぐに新しい首が生えてくるので苦戦するが、従者のイオラオスが頭のつけ根を松明で焼くと、生えてこなくなった。1本だけ不死の首があるのに気づいたヘラクレスは、その首を巨大な岩の下敷きにしてヒュドラを倒す。

　戦いの途中で、ヘラが化け蟹のキャンサーを差し向けたが、ヘラクレスに踏み潰されてしまう。蟹は天に上がってかに座となり、ヒュドラもまた、うみへび座となる。

　ヘラクレスはヒュドラの猛毒の血を矢に塗って、その後の戦いに用いるようになった。この矢を誤って受けたケンタウロス族の賢者ケイロンは、毒による苦痛に耐えきれず不死を返上した。ヘラクレス自身もこの毒によって死に至ったのだ。

天地に届く大口の魔狼

フェンリル

Fenrir

北欧神話に登場する狼の姿をした巨大な魔獣で、口を開けば下あごは地に、上あごは天にも届くとされ、鼻からは炎を噴き出す。

悪神ロキと巨人族の女アングルボザとの間の子で、兄は大蛇のヨルムンガンド、妹は死者の国の女王ヘル。

ふたりの兄妹とは異なり、最初のころはそれほどの魔獣と見られていなかったため、フェンリルはアース神族の監視下に置かれる。しかし日に日に力を増してきたことと「神々は狼に滅ぼされる」という予言もあり、「このまま放っておいては大変なことになる」と恐れた神々は、この狼を鎖につなぐことを決める。

フェンリルは警戒し、縛られる代償としてだれかの右腕を口に入れることを要求、このときティールの腕を噛み切った逸話はすでに紹介ずみである。

世界の終末の日ラグナロクでは鎖を引きちぎって参戦、最高神オーディンと戦い、その大きな口で彼を飲み込んで殺してしまう。

だが、オーディンの息子ヴィーザルによって体を上下に引き裂かれて死ぬ。

ラグナロクでオーディンの息子に口を裂かれるフェンリル。

ドラゴン
Dragon
飛行しながら火を噴く幻獣

邪悪なドラゴンと戦う勇者。

全身をうろこで覆われた、トカゲまたは蛇に似た巨大な伝説上の生物。鋭い爪と牙をもち、大きな翼を開いて空を飛び、口や鼻から炎や毒の息を吐く。体色は緑色、真紅、純白、漆黒などさまざまである。ドラゴンの伝説は世界各地にあり、最もよく知られた幻獣のひとつといえよう。

もとは蛇や鯨、ワニなどの水棲生物を神格化したものと思われ、古代ギリシアでは自然や不死の象徴として崇められていた。時代が下り、キリスト教が広まるにつれ、神に敵対する邪悪な生き物というイメージがついてきた。洞窟に棲み、宝を集める習性も、そのころにつけられたものとされる。

聖ジョージの伝説では、人々に犠牲を強いていたドラゴンの生け贄にされる姫を助けるために戦いを挑み、苦闘の末にジョージはドラゴンを倒す。このように退治される悪役としての逸話が多い一方、ウェールズでは守護竜として国の象徴とされている。日本や中国でおなじみの「竜」もドラゴンの一種と考えられるが、源流を異にする別種とする説もある。

解毒の力をもつ伝説の一角獣

ユニコーン
Unicorn

額の中央にねじれた1本の角が生えた、馬に似た伝説の生き物がユニコーンである。ライオンの尾と牡山羊の顎鬚、ふたつに割れた蹄をもち、体は白く（頭部のみ赤い場合も）、青い目をしている。

優美な姿に反して性格は獰猛《どうもう》で勇敢。たとえ自分より大きく強い相手であろうと向かっていく。長く鋭い角は、どんなものでも容易に突き通すことができたという。

一角獣が飲んだ水は無毒となり、角には毒を中和するという不思議な特性があった。さらにあらゆる病気を治す力ももっていた。この角を求めて、人々は危険を覚悟で、ユニコーンを捕らえようとした。しかし、驚くほどの俊足で逃げられたり、果敢に反撃されたりで、捕らえるのは至難の業だった。ただし美しい処女には、自ら森の奥から出てきて近づいていく。膝枕をされるとおとなしくなるため、一角獣狩りにはこの手段がとられたという。

だが、生きたまま捕獲できたとしても、絶対に飼い馴らすことはできず、怒りと嘆きのあまり命を落としてしまうのである。

美しい処女にのみなつく神獣ユニコーン。

フェニックス

Phoenix

炎に身を投げ再生する不死鳥

「不死鳥」もしくは「火の鳥」ともいわれ、永遠の時を生きるという伝説上の鳥がフェニックスだ。草や実は食べず、口にするのは香木の樹液のみ。その涙は人に癒しをもたらし、血を飲むと不老不死の命を授かるといわれている。

　不死鳥といっても死を迎えないわけでなく、500年ごとに命の入れ替わりが行われるのだ。そのときが近づくと、シュロの木に作った巣の上に積み上げた香木に火をつけ、炎のなかに身を投じる。妙な歌声とともに命が燃え尽きると、灰のなかから次代のフェニックスが甦るのである。つまりこの世に、同時に2羽のフェニックスは存在しないのだ。その体から生まれた幼鳥は、太陽の都ヘリオポリスのヒュペーリオンの神殿で祝福を受ける。

　フェニックスの発祥は、古代エジプトの想像上の霊鳥ベンヌであるとも、古代フェニキアの護国の鳥フェニキアクスであるともいわれる。中国の伝説にある鳳凰とは別物だが、星座のフェニックスがほうおう座と訳されるなど、混同されることが多い。

自らの身を炎に投じるフェニックス。

ガーゴイル

Gargoyle

教会の屋根にいる石像の魔物

今にも襲いかかってきそうなガーゴイル。

教会など西洋建築の屋根にいる、石でできた魔物がガーゴイルだ。背中にコウモリのような翼をもち、尖ったくちばしのグロテスクな姿をしている。翼をもったドラゴンの形をしているものもある。

ふだんは石像のようにじっとしていて動かないが、不用意に近づくものがいると突然動き出して襲いかかる。石の翼を広げて空中に舞い上がり、とがったくちばしで噛みつき、鋭い爪で攻撃する。大きな怪物ではないが、残忍で執拗《しつよう》な攻撃を繰り広げるのだ。

その出自は、冥界に棲み、雨水を集めて畑などに撒く豊穣の神とも、キリスト教により悪魔とされた異教の神々ともいわれる。

ガーゴイルの語源は口や喉を意味するフランス語で、それが「屋根から水を流し出す」という意味で使われるようになった。石像としてのガーゴイルは雨樋を伝って流れてくる雨水の排出口に置かれ、口から水を吐き出す仕掛けになっている。これには魔よけの意味があり、襲ってくる魔物より恐ろしいものであればあるほど、魔よけの効果は高いとされている。

ラミア
子どもをさらって食べる女怪
Lamia

ギリシア・ローマ神話に現れる女の魔物。海の神ポセイドンの息子ベロスと、その母リビュエとの間の娘。美貌ゆえゼウスに愛されるが、ゼウスの妻ヘラの嫉妬をかい、子どもを生むたびに、自分でその子を殺してしまうという呪いをかけられる。そのうえ、上半身は人間の女、下半身は蛇という姿にされてしまうのである。

ヘラの仕返しはそれだけにとどまらず、子どもを殺してしまったその悲嘆から逃れられないように、眠りさえも奪われる。ゼウスは哀れんで彼女の目を外し、眠れるようにしてやるが、子どもをもつ母親を羨《うらや》むあまり、子どもをさらって食べてしまう魔物と化す。ヘラに子どもを殺されたために、他人の子どもをさらうようになったという説もある。

子どもをさらう妖怪ラミア。

魔物になったラミアは男性を誘惑して近づき、生き血を吸うようになる。正体がばれると大蛇の姿を現して襲いかかってくる。

ラミアは西欧の子どもたちにはなじみの深い魔物で、母親がいうことをきかない子どもへのしつけに、「悪いことをするとラミアが来るよ」というように使われている。

グリフォン

Griffon

黄金が好きな神々のしもべ

上半身は鷲、下半身はライオンの姿をした翼をもつ魔物。鷲の部分は金色で、ライオンの部分は白。コーカサス山中に棲み、鋭い鉤爪で家畜や人間を掴んでは飛び去る。

黄金を好み、金塊や砂金などを大量に巣に蓄えているという。それを狙ってやってくる人間は後をたたないが、たいていの者は見つかってしまい、グリフォンの爪と牙の餌食となる。

ゼウスをはじめとする神々の馬車を引くという、大事な役目ももっていた。復讐の女神ネメシスの車を引くグリフォンは、ほかと違い、体も翼も漆黒である。歴史を下るとアレクサンドロス大王の乗り物を引き、世界をめぐったともいわれている。

中世ヨーロッパでは、グリフォンは好んで紋章のデザインにされた。これは、グリフォンは黄金を発見し守るといういい伝えから、「知識」を象徴する図像として用いられたのである。また、鳥の王と獣の王が合体した姿から、「王家」の象徴としてももてはやされた。現在この名前は、フランスの小型犬の品種名に使われている。

グリフォンは巣に宝を蓄えているという。

猛毒をもった蛇の王

バジリスク
Basilisk

ヨーロッパに古くから伝わり、実在すると信じられていた蛇の王。

体は小さいが、見ただけで人を死に至らしめる力がある。頭には冠に似た文様があり、その名はギリシア語で「王」を意味する言葉に由来する。

猛毒をもっており、バジリスクが通った跡には人を死に至らしめるほどの毒液が残るという。

また、これを槍で殺した者は、猛毒が槍を伝わって体内に入り死んでしまう。

コカトリス（雄鶏とトカゲあるいは蛇が合体した伝説上の生き物）と同一視されることも多く、その場合は、雄鶏の生んだ卵を蛇が孵化させて生まれ、頭には鶏のとさかがあり、体は蛇または8本足のトカゲの姿をしているとされる。コカトリスとは雌雄の間から（どちらが雄か雌かは不明）ともいわれた。体をうねらせず、まっすぐに立てて歩く。

時代が下るにつれ、バジリスクは巨大化し、口から火を噴く怪物に変化していく。目が合った者を石にしたり、その声だけで人を殺したり、その能力も化物じみていくのである。

バジリスクと天使。

海底を取り巻くほどの大蛇

ヨルムンガンド
Jormungand

トールと戦うヨルムンガンド。

北欧神話に登場する蛇の怪物。悪神ロキと巨人族の女アングルボザとの間に生まれ、弟は魔狼フェンリル、妹は死者の国の女王ヘル。

ヨルムンガンドは生まれるとすぐ、主神オーディンにより海に捨てられるが、海の底でミッドガルド（人間の住む領域）を取り巻き、さらに自分の尾をくわえるほど巨大な姿に成長した。このため「ミッドガルドの大蛇」とも呼ばれる。ヨルムンガンドが眠りから覚め、口から尾を離し首をもたげたとき、世界の終末ラグナロクが始まるとされる。

雷神トールが巨人のヒュミルと一緒に船に乗って釣りをしていたとき、ヨルムンガンドが鉤にかかった。力まかせに釣り上げようとしたが、船が沈むことを恐れたヒュミルが釣り糸を切ってしまったため、海中に逃がしてしまう。

ラグナロクでは、海底から躍り出て洪水を起こしながら陸に進む。ヨルムンガンドはトールと一騎討ちとなり、彼のハンマー、ミョルニールを3度投げつけられて倒れるが、最後に毒を吹きかけ、決着は相打ちという形で終わる。

竜《りゅう》

善悪を超越した神の獣

一般に、西洋のドラゴンに対比する形で存在するのが、東洋の竜である。中国を中心に、日本や韓国などに伝えられてきた。ドラゴンの多くが邪悪な存在と考えられているのに比べ、古くから中国で皇帝の象徴とされてきたことでもわかるように、竜は神獣ないしは霊獣として捉えられている。しかも空想上の存在ながら、唯一、十二支にも加えられているのだ。なぜ竜が十二支に採用されたかは、今なお論議はあるものの結論は出ていない。

古代中国では皇帝の象徴だった竜。

竜は通常、水中か地中に棲むことが多い。ときに天空に昇り、大空を飛翔する。竜巻は、このときの竜の姿なのだという。そしてひと声啼けば、雷雲や嵐を呼ぶ。

「竜に九似《きゅうじ》あり」という。これは竜の外見をいう言葉で、9つの生物の特徴をあわせもつということだ。いわく、頭は駱駝《らくだ》、角は鹿、目は鬼、耳は牛、うなじは蛇、腹は蜃《しん》、鱗は鯉、爪は鷹、手のひらは虎である。口元には長い髭があり、あごの下には宝珠を持っている（中国で鬼とは幽霊、蜃とは蜃気楼を作り出す大蛤のこと）。

鱗は81枚あるが、喉の下に1枚

だけ逆に生えている1尺四方の逆《げき》鱗《りん》がある。これに触れたときの竜の怒りは並大抵ではないらしい。

人智を超越した存在である竜は、後漢のころにそのイメージが固まったと考えられ、多くの場合、神として尊崇されてきた。

古代の人々は、竜の成長過程を次のように考えている。すなわち、水中に住む蛇が500年かけて蛟《みずち》となる。それが1000年たつと竜になる。さらに竜にもレベルがあり、500年後に角竜、さらに1000年後には応竜となるのだ。

伝承によると、ひとりの貧しい男が竜の子を拾い、山奥の洞窟で育てていた。ある日、男は竜の棲む洞窟にある人参を持ってくるよう皇帝に命じられた。男は人参を持ち帰り、皇帝から褒美をもらった。その後、皇后が目の病気になり、薬として竜の目玉が必要になった。男が頼むと竜は左目を与えてくれた。この功績で男は大臣にまで出世した。

だが、出世した男は次第に傲慢《ごうまん》になった。そして、今度は自分のために、竜の残った右目を奪おうとする。竜はそこで大きな口を開けて、男を飲み込んでしまったという。

神獣である竜は、神がそうであるように慈悲深いが、傲慢になったり増長した人間には苛烈である。これは竜が司るとされる水に似ている。水はあらゆる生き物にとって、それがなくては生きてはいけない、天からの恵みだ。だがそのいっぽう、同じ水が嵐や洪水などで容赦なく人の命を奪う。竜と水。このふたつは、善も悪もどちらももちあわせているが、どちらも超越しているのだ。

なお、竜のなかでもとくに5本爪のものが最高位とされる。日本の竜は3本爪という。

中国、北京北海公園にある5本爪竜のレリーフ。

麒麟《きりん》

平和な時代に出現する心優しき瑞獣

この世に360種存在する毛のある動物の頂点に立つものが、瑞獣《ずいじゅう》の麒麟だ。麒麟は中国古来の五行思想によると、東西南北の中心の位置を占め、五行の根源である。五行とは木、火、土、金、水の5つの元素のこと。また、応竜、鳳凰、霊亀などとともに「四《し》霊《れい》」のひとつとも考えられている。

　麒麟は体高約5メートル、鹿と牛が交わってできた動物という。そして体は鹿、尾は牛、ひづめは馬。顔は狼、西洋のユニコーンに似て頭に1本の角がある。腹部は聖なる5色（青、黄、赤、白、黒）、他の部分は黄色に輝くといわれる。竜の頭や鱗をもつものもいる。翼を広げて飛び、その角は先端が肉で覆われているため、相手を傷つけることがない。

　心のきわめて優しく、慈愛に満ちた生き物で、歩くときに足元の生きた虫を殺すこともなければ、草を踏むことすらない。

　啼き声は常に音階に一致し、歩いた跡は正確な円を描き、直角に曲がるという。

　寿命1000年に達するという麒麟は、優れた為政者や聖人が存在する、善良で平和な時代にのみ出現するといわれる。ただ、奇妙なことに、それにしてはこれまでに何度か捕獲されたという話が伝わっているのだ。しかも、当時が平和だったかどうか

麒麟の彫像。

麒麟は慈愛に満ちた神獣といわれる。

の検証も難しい時代にである。

たとえば、1世紀に書かれた中国の歴史書の『漢書《かんじょ》』によると、漢の武帝の時代に白い麒麟が捕らえられている。また、18世紀の清の時代には、当時の皇帝に何度か麒麟が献上されたという。

また、伝説の黄帝《こうてい》の時代や、紀元前6～前5世紀の思想家で儒家の祖である孔子《こうし》の誕生の際にも姿を現したとされる。ちなみに孔子の著した古代中国の年代記『春秋』によると、孔子は71歳のときに、打ち捨てられた麒麟の死体を見たという。そして仁義の道が絶たれたことを嘆き、この記述をもって『春秋』の最後の一文としている。孔子がこの世を去ったのは、その2年後だった。

いずれにしろ、他の神獣や瑞獣が捕らえられたという話はさほど聞かないのに、麒麟にこれだけあるというのは、性格が温和すぎて、人を疑うことを知らないためなのかもしれない。

ちなみに、麒麟には雌雄の区別があり、雄の麒麟を「麒」、雌の麒麟を「麟」と称する。ただし、これを逆にしている資料もある。その表れが幕末・明治の政治家、勝海舟の幼名である麟太郎だ。これは「麟」を雄の麒麟と考えているからこその名前である。

なお、麒麟はたてがみや鱗の色によって、呼び方が変わる。赤いものを炎駒《えんく》、青いものを聳弧《しょうこ》、白いものを索冥《さくめい》、黒いものを角端《かくたん》、そして通常の黄色いものを麒麟と呼ぶのだ。

とりわけ角端は希有な存在で、他の麒麟たちを圧する神通力を有するといわれている。

天上に死者を誘う慈悲深き霊鳥
鳳凰
ほうおう

360種類の鳥を統べる四霊のひとつ鳳凰は、中国古来の霊鳥である。五行説の流行により、後には四神《しじん》の朱雀《すざく》とも同一視された。西洋のフェニックスとの類似性も見られる。

よく風を司るとされる鳳凰は、体高1〜1・5メートル、体の前面は雌の麒麟、後面は鹿、頸は蛇、下あごは燕、くちばしは鶏、尾は魚、背は亀と伝えられる。羽毛は5色に輝き、鳴き声は歌声という。首や翼、背、胸、腹にある模様は、それぞれ「徳・義・礼・仁・信」を表すとされた。

麒麟と同様、平和な時代にしか出現せず、殺生を好まない。餌は竹の実、霊泉の水を飲み、青桐の枝に休む。

これも麒麟と同じく「鳳」が雄「凰」が雌の鳳凰をそれぞれ表すという。

古代中国では、死者は崑《こん》崙山《うんさん》に赴く。この山は天に昇るための入り口で、頂上が天に届いているのだが、鳳凰はここを訪れた死者の魂を迎え、天へと運ぶ役割を担っていたのである。

鳳凰の意匠は装飾に多く使用され、わが国では、現在の1万円札の裏面のものがとくに有名だ。

中国・紫禁城の鳳凰像。

饕餮
とうてつ

竜の子だった貪婪のシンボル

饕餮の「饕」は財産を貪る、「餮」は食物を貪るの意。中国神話によると、この浅ましい名前をもつ饕餮は、人間の頭部に羊または牛の体、2本の角、虎のような牙、そして全身を毛で覆われた怪物だった。

中国南西部の荒野に育った饕餮は、「四凶」と呼ばれて恐れられていた怪物のひとつである。四凶には、他に悪人との交わりを好む「渾《こん》沌《とん》」、人の悪口をいう「窮奇《きゅうき》」、正しい道を乱す「檮杌《とうこつ》」がいる。

こんな饕餮だが、なんと出自は意外に格調高い。ある説では竜の子であるといい、また、ある説ではかの文化神・神農の子孫とされているというから、少々驚きだ。もとは良渚《りょうしょ》文化が栄えた長江流域で信仰された神だったという説まである。

この貪婪《どんらん》の象徴とでもいうべき怪物の姿は、実は意匠化されて「饕餮文」と呼ばれる文様になっている。そして贅沢に溺れることを戒める意味で、青銅製の鐘や鼎《かなえ》、酒器など祭祀用の道具に多く使われた。何でも食べる怪物というイメージから転じて「魔を食う」という見方も生まれ、饕餮文を魔除けと見なす考え方もある。

青銅器に使われた饕餮文。

白澤
はくたく
遭遇すれば幸運を招く人面の聖獣

人の言葉を解し、あらゆる物事を知っているとされるのが白澤である。麒麟や鳳凰と同じく、平和で善政が敷かれた世にのみ出現するといわれる。中国の皇帝たちが、自らの護衛隊の先頭にこの白澤の姿を描いた旗を掲げたというから、神獣、瑞獣であることは間違いないだろう。

白澤は体は牛だが、頭部はあごひげを蓄えた人の姿である。ただし顔に3つ、胴体に6つの目があり、角も額に2本、胴体に4本あるという姿で描かれることが多い。その他、虎の顔に獅子や竜の体という場合もある。

また、古くより病魔や災難を除けるとされてきた白澤の絵は、厄除けの護符として信仰されてきた。それゆえ日本でも、江戸時代の旅人たちは白澤の絵を懐に忍ばせて、道中のお守りとしたのである。ご利益はまだある。運よく白澤に遭遇することがあれば、その家は子々孫々まで繁栄するのだ。

ちなみに、伝説の黄帝は白澤と遭遇したといわれる。このとき白澤は、黄帝に世に存在する天災や病魔などについて語り、その対処法も伝授したという。

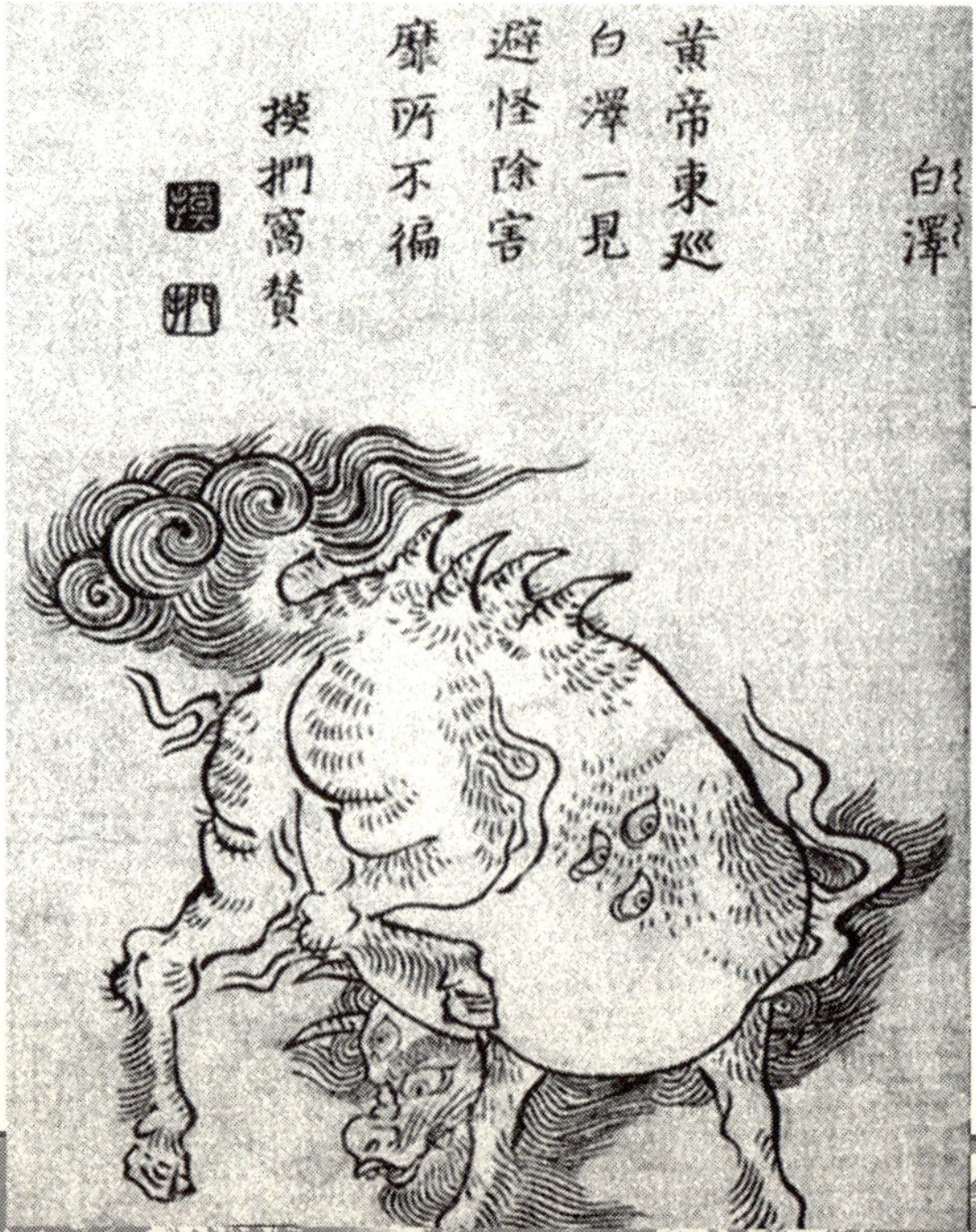

遭遇すると吉を招く瑞獣・白澤。

バハムート

Bahamut

大地を支えるまばゆい巨大魚

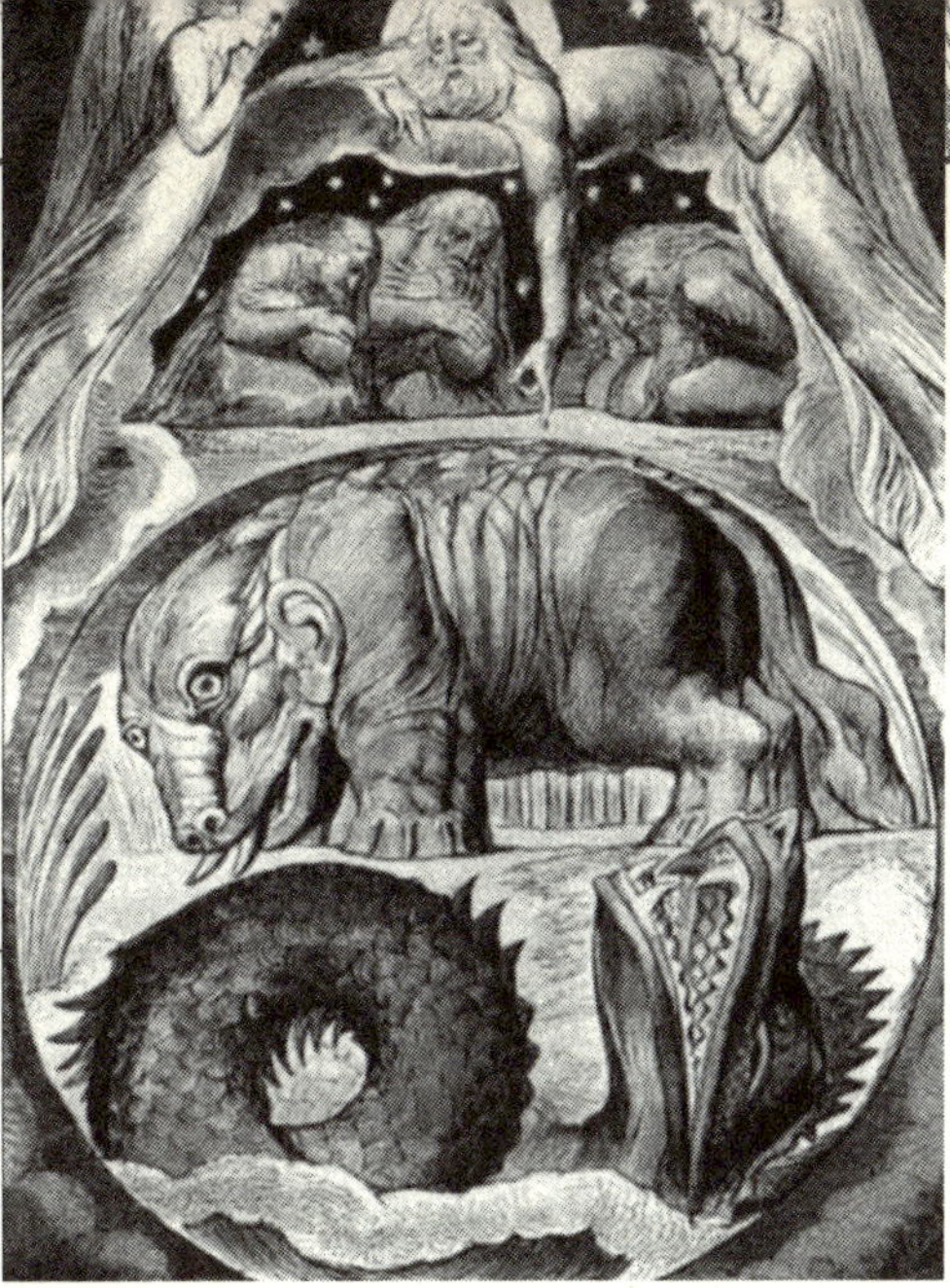

上がベヒーモス、またはバハムート。

バハムートは、アラブの伝承に登場する光り輝く巨大魚である。もとは『旧約聖書』に伝わる河馬の怪物ベヒーモスのアラブでの呼び名だが、アラブ世界に伝わる途中で形を変えたものらしい。

バハムートの巨大さは並はずれており、鼻孔だけで7つの海をゆうゆうと覆いかくしたという。

アラブの宇宙観では、バハムートの上には巨大な牡牛が立ち、さらに岩山があり、その上で天使が大地を支えていた。そして、バハムートの下には海があり、さらに下には巨大な空気の裂け目があり、その下が炎が燃えさかる地獄となる。最下層には口内に6つの冥府をもつという大蛇ファクラが、すべてを支えているのだ。

『千夜一夜物語』第４９６夜にも、バハムートは登場する。イサ（イエス・キリスト）がこの怪物を見る機会を得たが、あまりのまぶしさにひと目見るなり気絶してしまった。3日3晩の昏睡の後、イサはようやく意識を取り戻したが、なんとバハムートの巨体は、いまだ彼の前を通りすぎていなかったのである。

ヴィシュヌを乗せたガルーダ。

ガルーダ
Garuda
最高神を乗せて空を行く聖なる猛鳥

インド神話において、最高神ヴィシュヌの乗り物とされているのが、巨大な神鳥ガルーダだ。勇敢で知略に長けたこの鳥はガルダ、カルラなどとも呼ばれる。

ガルーダは、人身に鷲の首に翼、爪、くちばしをもった姿で表されることが多い。顔は白く、翼は赤、体は黄金色に輝いているとされる。

この聖鳥には多くの神話があるが、いずれの場合も毒蛇を食べてくれる聖なる存在として描かれている。そのため、現在でもインドではガルーダの名前を3回唱えてから眠れば、夢のなかで蛇に襲われることはないと信じられている。

なお、ガルーダがヴィシュヌの乗り物となったのは、主従関係にあるからではなく、取引の結果だった。代わりに彼は、ヴィシュヌから不死を得たのである。また、かつてインドラ神と戦って勝利し、そのときにナーガ（次項）を食糧とすることも認められた。

なお、ガルーダの意匠はインドネシアの国章となり、この神鳥の名を冠したガルーダ・インドネシア航空が所有する航空機の尾翼にも描かれている。

八大竜王となった聖なる多頭蛇

ナーガ
Naga

サンスクリット語でナーガとは蛇、正確にはコブラを意味する。ナーガはそれが神聖視されたもので、いわば聖なる蛇である。彼らは主に3つの姿で表される。ひとつは下半身が蛇で上半身が人間。次に人間の姿。さらに7つ、または9つの首をもった大蛇だ。

また、ナーガの女性形は「ナーギニー」と呼ばれる。ナーギニーは人間の姿になったときは容姿に優れ、きわめて美しいという。

ナーガはブッダが悟りを開いたときに守護したといわれ、そのため仏教に竜王として取り入れられた。とくに八大竜王は有名で、その多くが天候を制御する力をもつという、ナーガラージャ（ナーガの王）と呼ばれる存在であった。なお、彼らのなかでも頂点に立つのは、創世以前の世で最高神ヴィシュヌがまだ眠っているとき、彼のベッドとなっていた竜王アナンタである。

ナーガの一族は、神に敵対して悪魔と見なされたこともあったが、現在では並び立つ存在となった。ちなみに、中国においては竜と同一視されている。

頭が7つある聖なる蛇ナーガ。

八岐大蛇《やまたのおろち》

頭が8つある酒好きな怪物

日本神話に登場する大蛇。「八岐大蛇」という表記は『日本書紀』によるもので、『古事記』では「八俣遠呂智」となっている。

この絵の八岐大蛇はほとんど竜である。

ほおずきのように赤い目をもつ八岐大蛇は、巨大な胴体に、頭と尾がそれぞれ8つずつついているという怪物である。体長は8つの谷と8つの峰にまたがるほどで、背中は苔むし、さらにその上に、檜《ひのき》や杉などが生い茂っているという。しかも、真っ赤にただれた腹部からはいつも血が滴っているという無気味さだ。

この怪物を倒したのが、アマテラス大神《おおみかみ》の弟、スサノオ尊《のみこと》である。

神話によると、高天原《たかまがはら》を追放されたスサノオは、出雲国の斐伊《ひい》川上流に降り立った。そして、その地で泣きぬれている老夫婦に出会う。スサノオは、アシナヅチとテナヅチと名乗るこの老夫婦に、泣いている理由を尋ねた。すると、その理由は次のようなものだった。

アシナヅチとテナヅチには8人の娘がいたのだが、毎年、八岐大蛇が現れて、これまでに7人の娘が食べられてしまった。今年も大蛇が現れる時期となり、このままではたったひとり残った娘のクシナダヒメも食べられてしまう。夫婦はそれが悲しくて泣いているのだった。

それを聞いたスサノオは、クシナダヒメを妻にすることを条

スサノオ尊に退治される八岐大蛇。

件に、八岐大蛇退治をすることを、ふたりに約束した。そして、8つの仕切りとそれぞれに門を作り、門に強い酒を入れた桶を置くように頼んだ。準備が整ったころ、八岐大蛇がやってきた。怪物は酒を見つけると、8つの頭をそれぞれの酒桶に突っ込んで飲み出した。

そして、やがて酔っぱらうと、八岐大蛇はその場で寝てしまったのである。

これを見たスサノオは剣を取り出して、八岐大蛇を切り刻んでしまった。最後に尾を切ったとき、何か固いものに当たって、剣の刃が欠けてしまった。不思議に思って尾を切り裂いてみると、なかから剣が出てきたのである。スサノオは、この剣を姉であるアマテラスに献上した。これが天《あめの》叢《むら》雲《くもの》剣《つるぎ》、後の草薙剣《くさなぎのつるぎ》である。

八岐大蛇を退治した後、老夫婦との約束どおり、スサノオはクシナダヒメを妻とし、多くの神々を生んだという。

実はこの物語は、実際に起きた話をもとにしたという説がある。といっても、もちろん八岐大蛇が実在したわけではない。大和朝廷と斐伊川周辺に住んでいた産鉄民との、鉄をめぐる戦いがもとになっているというのだ。斐伊川こそが八岐大蛇で、腹の真っ赤な血の色は川からとれる砂鉄の色。尾から出てきた天叢雲剣も、大和朝廷が産鉄民を征服して得た鉄の比喩だというのである。確かに、もともと出雲地方は古くから砂鉄の産地として知られていたし、この説を荒唐無稽と一蹴することはできないだろう。

タカミムスビ神の聖なる使い鳥

八咫烏《やたがらす》

3本足の烏の姿をした、タカミムスビ神《のかみ》の使い鳥。太陽を背にして描かれることが多い。なお「八咫」は大きいことの表現。

神話によると、神武天皇が大和国を攻める東征の際、熊野で苦戦していた。そのとき夢のなかにタカミムスビが現れ、「これから八咫烏を遣わすから、その案内で大和国に入るように」と告げた。翌日、夢のとおりに八咫烏が現れ、天皇らを先導したという。

神武天皇東征の先導をした八咫烏。

また、八咫烏は神武天皇の命で、大和国の敵対豪族エウカシ、オトウカシの兄弟に、天皇に従うよう伝える特使となった。ところが、エウカシは返事の代わりに鏑矢《かぶらや》を八咫烏に打ち込んだ。だが、オトウカシを帰順させるのには成功したのである。

なお、熊野三山で出される「熊野牛王《ごおう》宝印」と呼ばれる護符があるが、これには八咫烏を使って梵《ぼん》字《じ》を模した絵が描かれている。この護符は、神に誓って破ってはいけない約束事を書いたもので「熊野誓紙」とも呼ばれた。そして、これに書かれた約束事をひとつ破るごとに、熊野の八咫烏が1羽死ぬといういいつたえがある。

まつろわぬ人々の怨念が具現化した妖怪

土蜘蛛

つちぐも

鬼の顔に虎の胴体、女郎蜘蛛の手足……。巨大な妖怪である土蜘蛛は、山中に棲み、通りかかった旅人を、糸でがんじがらめに縛り上げて食ってしまうのだ。

この平安時代に出現した土蜘蛛は、豪傑・源頼光《みなもとのよりみつ》らによって退治された。そのいきさつは、鎌倉時代に成立した『土蜘蛛草紙』に見られる。

源頼光は郎党の渡辺綱《わたなべのつな》とともに、京都のとある廃屋で正体不明の妖怪に遭遇した。彼らが斬りつけたことで、妖怪は逃亡した。ふたりが血の跡をたどっていくと、山奥の洞窟に達した。頼光らはそこで巨大な土蜘蛛を発見し、これをしとめた。その後、この土蜘蛛の住処からは水が湧き出したが、これを飲んだ者はみな死んだ。人々は土蜘蛛の祟りとして恐れたという。

実は土蜘蛛は、各地に現れた。陸奥、越後、常陸など各地の風土記に頻繁《ひんぱん》に登場するのだ。それもそのはず、実は土蜘蛛は当時の土着の民などに対する蔑称《べっしょう》だったらしい。大和朝廷と戦って敗れた彼らの怨念によって生まれたのが、土蜘蛛だったのである。

源頼光に退治された土蜘蛛。

絶世の美女に化けて国を傾けた妖怪

九尾の狐

きゅうびのきつね

　日本や中国に見られる大妖怪が九尾の狐である。顔が白く、全身が美しい金色の毛で覆われ、尾が9本に分かれているために「白面金毛九尾の狐」などとも呼ばれる。九尾の狐は美女に化け、人の世を大いに惑わすことで知られている。

　中国最古の地理書『山海経』によれば、九尾の狐のルーツは中国南部の青弓山《せいきゅうさん》である。青弓山に足が4本、尾が9本の狐が棲んでいるという記述があるのだ。この狐は赤子のような声で泣き、人を食うという。

　当初、中国では九尾の狐は麒麟や鳳凰と同様、天下太平のときに出現する瑞獣であった。それが妖怪として見られるようになったのは、この『山海経』の影響もあるようだ。

　伝承によると、九尾の狐は日本に来る前に、紀元前1000年当時の中国でひと暴れして、殷王朝滅亡の原因を作っている。

　紂王《ちゅうおう》の妃である妲己《だっき》に化け、王を好きなように操った九尾の狐は、贅沢と淫蕩と残虐の限りを尽くし、諫《かん》言《げん》した臣下を殺害するなどして国を傾けた。やがて反乱が起こり、殷は滅んで周が興ったのである。

　しかし、妲己の体のなかにいた九尾の狐はその体を捨てて、天竺《てんじく》（インド）に逃げた。そして新たに華陽夫人《かようふじん》となり、天羅国《てんらこく》の王の寵妃となったのである。夫人は仏教を弾圧し、1000人の僧侶を獅子に食い殺させるなど、ここでも残虐ぶりを発揮した。だが、隣国

美女に化けて国を傾けた九尾の狐。

九尾の狐の怨念が残り、石となった。

の信心深い王の読経に苦しんで正体を現し、東に逃げ去った。こうして九尾の狐は、いよいよ日本にやってくるのである。

平安後期の日本で、九尾の狐は玉藻前《たまものまえ》という美女に化けて宮廷に入り込み、鳥羽《とば》上皇の寵愛を得た。

そして、宮廷をさんざん乱したうえに、上皇を熱病で苦しめたのである。

だが、陰陽師《おんみょうじ》の安倍泰成《あべのやすなり》の法力によって、ついに正体を暴かれてしまい、白面金毛九尾の狐の姿に戻って、下野国の那須野に逃れた。しかし、中国、天竺、日本とアジアを股にかけた大妖怪も、この地でついに宮廷が派遣した軍勢によって、退治されてしまったのである。

ところが、九尾の狐の体は朽ちても、怨念は残った。そして、強烈な毒気を放つ石となったのである。この石は、人や獣、鳥を問わず、近づいて触れたものすべての命を奪ったのだ。

そこで通りかかった高僧が法力で石を打ち砕き、そのなかに渦巻いていた霊を成仏させた。後に石は寺内におさめられ、殺生石と名づけられた。なお、高僧が石を砕いたとき、破片が全国に散らばったという説もある。現在、栃木県那須湯本温泉に「殺生石」と銘打たれた同名の史跡がある。

ちなみに、殺生石に近づいたものの命を奪うのは、殺生石そのものではなく、付近の硫気孔から噴出する硫化水素などの火山性有毒ガスである。

鵺 ぬえ

黒雲のなかから現れる複合怪物

『平家物語』に記述が見られる、頭部が猿、尾が蛇、胴体が狸で、手足が虎という無気味な生き物が、鵺である。

平安末期のころ、毎晩のように午前2時ごろになると、黒い雲が御所の清涼殿《せいりょうでん》を覆った。黒雲からは無気味な鳴き声も響きわたり、帝と側近を脅かしたのである。天皇は恐怖のあまり病の身となったが、どんな加持祈禱も効果はなかった。

そこで、多くの武士たちのなかから、弓の達人である源頼政が選ばれて、怪物退治をすることになった。ある夜、頼政が現れた黒雲のなかに見えた影に向けて矢を放つと、無気味な悲鳴とともに、この妖怪が落ちてきたのである。それ以来、御所に静けさが戻り、天皇の病も快癒《かいゆ》したという。

なお、同様の話が『源平盛衰記』でも見られるが、こちらの鵺は頭が猿、背が虎、足が狸、尾は狐となっている。どちらの鵺も羽が生えているところは共通している。

なお「鵺」は実在する。といっても、これは虎鶫《とらつぐみ》という鳥の別称で、夜「ひいい、ひょお」と、まるで人が泣くような悲しい声で鳴くといわれる。

夜な夜な帝を悩ませた妖獣・鵺。

河童《かっぱ》

頭の皿と甲羅が特徴のおなじみ妖怪

　河童は日本各地に古くから伝承の残る、川や湖沼などに棲む妖怪である。呼び名も姿形も地方によってさまざまだが、最も一般的なのは、やはりおかっぱ頭で、口先がとがり、頭に皿、背中に甲羅、体色は緑色で、4～5歳の子どものような体形、手足には水かきがある、怪力、といったところだろうか。両腕が1本につながっており、片腕を引くと、もう一方の腕が短くなるというのもある。キュウリが好物。頭の皿には水が少し入っており、これが河童の力の源らしい。

　なぜか相撲が大好きで、よく人に挑戦するが、河童と相撲をとっても、他人にはそれが見えず、まるでひとり相撲をとっているようだという。また、怪力を利用して、人や牛馬を水中に引きずり込み、生き血を吸ったりもする。人の尻子玉（肛門にあるとされた架空の玉）を抜くのも大好きである。ただし皿の水がなくなると、急速に衰えて死んでしまうのだ。

　河童は知性も兼ね備えており、人の言葉も理解するという。きれいな川にしか棲まないという説もある。

日本各地に伝承の残る河童。

京の都を荒らした鬼の頭領

酒呑童子《しゅてんどうじ》

河童同様、鬼にまつわる伝承も日本の各地に少なくないが、その代表といえば、やはり酒呑童子だろう。室町時代に成立した『御伽草子』によれば、酒呑童子は丹波国と丹後国の境にある大江山《おおえやま》（近江国の伊吹山説もあり）を根城に、京の都を荒らし回った悪鬼である。

身の丈2丈（約6メートル）、名前のとおりに常に酒を飲んで真っ赤な顔をした酒呑童子は、髪赤く、髭はぼうぼうで、手足は熊のごとくで、まさしく悪鬼の形相だったという。角や目玉が多数あったとする説もある。

その伝説は、次のようなものだ。平安時代末期、京の都に夜な夜な酒呑童子が現れては、火をつけたり、貴族の姫君を誘拐するなど、悪辣《あくらつ》の限りを尽くしていた。朝廷は土蜘蛛退治で有名な源頼光に、酒呑童子退治を命じた。頼光は坂《さか》田金時《たのきんとき》などの郎党とともに、石清《いわし》水《みず》八幡宮で武運を祈願したうえで、山伏姿に化けて大江山に向かった（ちなみに坂田金時は、金太郎のモデルである）。

大江山で首尾よく、酒呑童子が手下の鬼たちとともに住む御殿に

酒呑童子は寺の稚児だったというが……。

かどわかしてきた女性たちと酒呑童子。

潜入することに成功した一行は童子に近づき、酒を飲ませた。酔った童子によると、童子は越後生まれ。山寺の稚児だったが、僧侶たちを殺して逃亡し比叡山に住みついた。しかし、最澄によって追われ、大江山に住処を代えた。今度は空海にそこを追われたが、彼の死後、また大江山に戻ってきたというのである。さらに「童子」とは寺に入ったがまだ出家していない子どものことだが、出家しないまま寺から逃亡したために、いつまでも童子のままなのだという。

さて、夜も更けたころ、酒呑童子は酔いが回って動けなくなった。実は頼光らが勧めた酒には、毒も入っていたのである。酒呑童子の体を鎖で縛り上げた一行は、その首を切り落として、京の都に凱旋したのである。

ところで、この酒呑童子の正体や出生に関しては、さまざまな説がある。たとえば、もともと鬼を装って財物や女性をかどわかしたりしていた盗賊が伝説化したもの。また、酒呑童子はもともと大江山に捨てられた子どもであり、「捨て童子」がなまって「酒呑童子」となったするもの。

さらに、かつてスサノオ尊に退治された八岐大蛇が、酒呑童子の父だとする説まである。

とすると、八岐大蛇も酒呑童子も比喩的には時の権力に逆らいつつも、ともに酒に酔ってだまし討ちされ、身を滅ぼした時代の犠牲者ということになるのだろうか？

なお、ごく最近いわれるようになった説ではあるが、酒呑童子の正体を日本に流れ着いた異国人と考える研究者もいる。確かに巨大な体、赤い髪やひげ、毛むくじゃらの手足など、西洋人を彷彿《ほうふつ》とさせる描写ではある。丹後国は日本海にも近いし、あながち、荒唐無稽と退けることはできない説かもしれない。

母になれぬまま死んだ悲しい妖怪

姑獲鳥《うぶめ》

出会った人間に赤子を押しつける姑獲鳥。

「産女」「憂婦女鳥」とも書く日本の妖怪。古くから出産しないまま死んだ妊婦をそのまま埋葬すると、母としての思いが妄執となってこの世に残り、妖怪に変じるといわれてきた。そのため多くの地方に、難産などで妊婦が死亡した際は、腹を裂いて胎児を取り出して、母親に抱かせたり、背負わせたりして葬るのがいいとする、いい伝えが残っている。

胎児を取り出せない場合は、代わりに人形を母親のそばに寝かせて葬ることもある。

不幸にして姑獲鳥になってしまった妊婦は、血に染まった白い衣服をまとって赤子を抱き、人を追いかけるという。また地方によっては、出会った人間に赤子を抱かせ、自分だけ成仏してしまうという姑獲鳥もいる。なお、このとき赤子を受けとった人は要注意。なにしろこの赤子は、人の喉にかみつくのである。この場合は、赤子の顔を反対側に向けて抱くと、かまれずにすむとか。なお、かみつく赤子ではなく、石や石塔を抱かせる姑獲鳥もいるらしい。

猫又《ねこまた》

年老いて妖力を得た猫の怪物

「猫股」とも書く猫の妖怪。ごく普通の猫であったものが、40歳以上になると（100歳以上との説も）尾がふたつに分かれることがある。こうなるとこの猫は、毛を逆なでると光ったり、人の言葉を理解して話したり、あるいはほかのものに化けたりすることがあるという。これらの妖力を得た猫が猫又なのだ。

ちなみに猫又の妖力は年をとればとるだけ増し、尾の本数が増えたり、猫の姿のまま2足歩行ができるようになったりする。あげく、行灯の油をなめたり、人を呪い殺したり、食い殺したりするようにもなるのである。

人の姿に化けた猫又を見分けるには、犬をけしかけるといい。鳴き声を聞くと即座に本性を現すのだ。また、普通の猫のふりをしている猫又の場合、開けた襖をどうするか見ることだ。普通の猫は襖を開けることはできても、閉めることはできない。もしあなたの飼い猫が自分で襖を閉めたら、いつのまにかそれは猫又になっているのだ。

なお、最強の猫又は黒猫が変じたものだという。

尾がふたつに分かれた猫又。

狛犬《こまいぬ》

西からやってきた神社の守護獣

狛犬のルーツはスフィンクスか？

　日本の神社や寺院の入り口。その両脇などに対をなして置かれている狛犬は、獅子や犬に似てはいるが、想像上の瑞獣である。

　その起源は、古代インドにおいて仏像の両脇に置かれた獅子の像といわれるが、実は古代メソポタミアの神域にも獅子の像はあった。これらすべての起源は、古代エジプトでおなじみのスフィンクスにあると考えられている。

　狛犬は中国から仏教とともに朝鮮半島経由で入ってきたため、当初は「高麗《こま》犬」が当てられたが、やがて狛犬に転じた。

　1対の狛犬のうち、向かって右側の像は「阿形《あけい》」で、角はなく口を開けている。左側の像「吽形《うんけい》」は、角が1本あって口を閉じている。この「阿吽」の形は中国にも朝鮮にもなく、日本の狛犬に多く見られる特徴である。おそらく、やはり寺院などで門の両脇を固める仁王の影響を受けたものだろう。

　現在では左右をあわせて「狛犬」と呼ぶところが多いが、厳密には角のないほうが「獅子」、角があるほうが「狛犬」であり、1対の場合は「獅子狛犬」と称するのが正しいとされている。

天邪鬼《あまのじゃく》

人に逆らうことが大好きなひねくれ妖怪

額に角を生やした小鬼の姿、見た目は人間によく似ていて衣服をまとうこともある……。その名前は『古事記』や『日本書紀』に登場する、天探女（アマノサグメ）という悪神の名前が転訛したものとされている。これが天邪鬼（あまのじゃくとも読む）と呼ばれる、日本の妖怪とも精霊ともつかない存在である。

ご存じのとおり天邪鬼は、人の心を読んではそれと正反対のことをしては喜ぶというへそ曲がり、かつひねくれ者の小鬼だ。それだけではない。他人の姿に化けたり、口真似や物真似をしたり、それを逆にやってみたりして、人間をからかい怒らせるのが好きなのだ。

この他、1年中温和な気候に逆らって夏や冬を作ったり、橋や池の土木工事をじゃましたりと、ろくなことをしない。ただし、ほとんどの場合、やったぶんだけ逆襲されて痛い目にあっているのだが。妖力はむろんあるが、質的にはそれほどのものでもない。

なお、仏教では天邪鬼を人間の煩悩の象徴としており、仁王や四天王に踏みつけられた姿で表されることが多い。

人間の煩悩の象徴である天邪鬼。

参考資料

『ギリシャ神話集』講談社／『完訳　ギリシア・ローマ神話』角川書店／『ギリシア・ローマ神話事典』大修館書店／『ギリシャ神話』社会思想社・教養文庫／『北欧神話物語』青土社／『ゲルマン神話』青土社／『エジプト神話シンボル事典』大修館書店／『図説エジプト神話物語』原書房／『インド神話』青土社／『インド神話』筑摩書房／『ムー謎シリーズ・インド神話の謎』学習研究社／『古事記』岩波文庫／『古事記』講談社学術文庫／『新釈古事記』ちくま文庫／『古事記物語』社会思想社・教養文庫／『日本書紀』講談社学術文庫／『風土記』平凡社・東洋文庫／『日本神話の源流』講談社現代新書／『神話伝説事典』東京堂出版／『日本神話』岩波文庫／『ブックス・エソテリカ　神道の本』学習研究社／『神道事典』弘文社／『日本の神様を知る事典』日本文芸社／『神々の系図』東京美術／『図説・古事記と日本の神々』学習研究社／『「日本の神様」がよくわかる本』PHP文庫／『中国の神話・伝説』青土社／『中國神話故事』星光出版社／『中国神話』上海文芸出版社／『中國古代神話』中国書局／『山海経　中国古代の神話世界』第三文明社／『中国の神獣・悪鬼たち』東方書店／『ブックス・エソテリカ　道教の本』学習研究社／『オリエント神話』青土社／『ケルトの神話』筑摩書房／『ケルトの神話・伝説』／『「世界の神々」がよくわかる本』PHP文庫／『世界の「神獣・モンスター」がよくわかる本』PHP文庫／『よくわかる「世界の幻獣」事典』廣済堂文庫

世界の神々と神話の謎

2009年2月10日　第1刷発行

編集製作◎鴨木悠之子
デザイン◎新井美樹

編　　者◎歴史雑学探究倶楽部
発 行 人◎大沢広彰
編 集 人◎土屋俊介
編集担当◎宍戸宏隆

発 行 所◎株式会社学習研究社
〒141-8510　東京都品川区西五反田2-11-8
印　　刷◎中央精版印刷株式会社

この本に関する各種問い合わせ先
【電話の場合】
●編集内容については、03-6431-1506（編集部直通）
●在庫、不良品（落丁、乱丁）については、03-6431-1201（出版販売部）
●学研商品に関するお問い合わせは下記まで。
03-6431-1002（学研お客様センター）
【文書の場合】
〒141-8510　東京都品川区西五反田2-11-8
学研お客様センター『世界の神々と神話の謎』係